A DUPLA FACE
DA CULTURA POPULAR DO MUNICÍPIO DE PAINEL, SC
os cantares do risível e a crônica do cotidiano

Kátia Marlowa Bianchi Ferreira Pessoa

Editora CRV

Kátia Marlowa Bianchi Ferreira Pessoa

A DUPLA FACE DA CULTURA POPULAR DO MUNICÍPIO DE PAINEL (SC):
os cantares do risível e a crônica do cotidiano

EDITORA CRV
Curitiba – Brasil
2016

Copyright © da Editora CRV Ltda.
Editor-chefe: Railson Moura
Diagramação: Editora CRV
Revisão: A Autora
Foto de Capa: Prefeitura Municipal de Painel/SC
Conselho Editorial:

Prof². Dr². Andréia da Silva Quintanilha Sousa (UNIR)
Prof. Dr. Antônio Pereira Gaio Júnior (UFRRJ)
Prof. Dr. Carlos Alberto Vilar Estêvão
– (Universidade do Minho, UMINHO, Portugal)
Prof. Dr. Carlos Federico Dominguez Avila (UNIEURO – DF)
Prof². Dr². Carmen Tereza Velanga (UNIR)
Prof. Dr. Celso Conti (UFSCar)
Prof. Dr. Cesar Gerónimo Tello
– (Universidad Nacional de Três de Febrero – Argentina)
Prof². Dr². Elione Maria Nogueira Diogenes (UFAL)
Prof. Dr. Élsio José Corá (Universidade Federal da Fronteira Sul, UFFS)
Prof². Dr². Gloria Fariñas León (Universidade de La Havana – Cuba)
Prof. Dr. Francisco Carlos Duarte (PUC-PR)
Prof. Dr. Guillermo Arias Beatón (Universidade de La Havana – Cuba)

Prof. Dr. João Adalberto Campato Junior (FAP – SP)
Prof. Dr. Jailson Alves dos Santos (UFRJ)
Prof. Dr. Leonel Severo Rocha (UNISINOS)
Prof². Dr². Lourdes Helena da Silva (UFV)
Prof². Dr². Josania Portela (UFPI)
Prof². Dr². Maria de Lourdes Pinto de Almeida (UNICAMP)
Prof². Dr². Maria Lília Imbiriba Sousa Colares (UFOPA)
Prof. Dr. Paulo Romualdo Hernandes (UNIFAL – MG)
Prof. Dr. Rodrigo Pratte-Santos (UFES)
Prof². Dr². Maria Cristina dos Santos Bezerra (UFSCar)
Prof. Dr. Sérgio Nunes de Jesus (IFRO)
Prof². Dr². Solange Helena Ximenes-Rocha (UFOPA)
Prof². Dr². Sydione Santos (UEPG PR)
Prof. Dr. Tadeu Oliver Gonçalves (UFPA)
Prof². Dr². Tania Suely Azevedo Brasileiro (UFOPA)

Este livro foi aprovado pelo conselho editorial.

CIP-BRASIL. CATALOGAÇÃO-NA-FONTE
SINDICATO NACIONAL DOS EDITORES DE LIVROS, RJ

F345

Pessoa, Kátia Marlowa Bianchi Ferreira.
A dupla face da cultura popular do município de Painel (SC): os cantares do risível e a crônica do cotidiano/Kátia Marlowa Bianchi Ferreira Pessoa – Curitiba: CRV, 2016.
168 p.

Inclui Bibliografia
ISBN 978-85-444-0819-3

1. Cultura popular 2. Painel (SC) 3. Crônicas – cotidiano I. Título II. Série.
CDD 981.64

2016
Foi feito o depósito legal conf. Lei 10.994 de 14/12/2004
Proibida a reprodução parcial ou total desta obra sem autorização da Editora CRV
Todos os direitos desta edição reservados pela:
Editora CRV
Tel.: (41) 3039-6418
www.editoracrv.com.br
E-mail: sac@editoracrv.com.br

Dedico este trabalho à Odília Carreirão Ortiga, pela incansável orientação e dedicação dispensadas ao longo da minha caminhada na Pós-Graduação da UFSC.

AGRADECIMENTOS

A Deus e aos Santos por terem me acompanhado e abençoado no decorrer do curso.

A professora Doutora Odília Carreirão Ortiga, pela paciência e dedicação.

À minha família, pela tolerância, incentivo e carinho.

À UNIPLAC e à Secretaria de Educação e desporto de Santa Catarina, pelo apoio financeiro.

A Coordenação do Curso de Pós-Graduação em Literatura da Universidade Federal de Santa Catarina pela compreensão e incentivo.

À CAPES, pela bolsa de estudos.

Aos meus professores do curso, pelo incentivo intelectual.

Às amigas encontradas durante o curso: Adair Neitzel, Raquel Wandelli, Dora Angélica, Iara Braga, Clarice Caldin e Maria José de Paula, pelo companheirismo e apoio.

À Marcia Vidal Cândido Frozza, pela disponibilidade de todas as horas.

SUMÁRIO

À GUISA DO PRÓLOGO 11

A MOLDURA TEÓRICA 21
Gracejo, comicidade e humor 22
Satíricos e Sátira 27
Memória, autobiografia e crônica 31
Cultura popular 35

CANTARES DO RISÍVEL: trovas e décimas 41
O duplo cantar 43
A leitura das Trovas e das Décimas 45

PISQUINHOS: a tradição do satírico 63
Categorização temática 64
Leitura dos pisquinhos 68
Primeiro pleito de Painel 89

MEMORIALISMO, AUTOBIOGRAFIA
E CRÔNICA DE PAINEL 99
Apresentação e categorização dos
textos de Doutel de Andrade 101
Leituras: memorialismo, autobiografia
e crônicas de Painel 103

À GUISA DE CONCLUSÃO:
confirmações, questionamentos e reflexões 139

REFERÊNCIAS 157

À GUISA DO PRÓLOGO

*O mato está muito alto para roçar
e muito baixo para carpir.*
Dito popular painelense.

Todo texto tem sua história e a história desse projeto começa em 1997, quando participei, como ouvinte, do Colóquio Internacional de Literatura na Universidade Federal de Santa Catarina. A ideia de trabalhar os *Pasquins* existentes em *Painel*, SC, denominados pela população de *Pisquinhos,* surge ao assistir à comunicação da professora doutora Marlyse Meyer sobre a ideologia do folhetim. Durante a exposição, encontrei algumas semelhanças entre o assunto exposto e os textos produzidos em *Painel* cuja característica principal é o ataque direto ao erro humano e, em particular, ao ridículo de algumas pessoas dessa comunidade.

Movida pelo desejo de realizar um trabalho de pesquisa que contemplasse os *Pasquins* de Painel, inscrevi-me no programa de Pós-Graduação de Literatura Brasileira da Universidade Federal de Santa Catarina e entrei em contato com a Professora Doutora Odília Carreirão Ortiga. Depois de fazer uma leitura dos textos mais antigos, a professora aconselhou a busca de novos *Pisquinhos e* de outras manifestações culturais da mesma região. Seguindo essa orientação, coletei junto à comunidade painelense outras modalidades de textos populares: as *Décimas e Trovas,* e o memorialismo de Doutel de Andrade[1], um dos mais antigos moradores de Painel. Assim, as memórias de Doutel de Andrade representam tanto o registro de traços autobiográficos, como o registro do cotidiano dessa comunidade: as *Décimas e Trovas,* o gracejo presente nas festividades, e os *Pisquinhos,* o erro e

---

1   O presente trabalho privilegia Doutel Vieira de Andrade, cidadão painelense, cujos traços biográficos vão constar da unidade Memorialismo, autobiografia e crônica de Painel.

o ridículo do cotidiano de alguns painelenses, todos configurando ou pelo viés da seriedade, o primeiro, ou do risível, os dois últimos, manifestações da cultura popular em Painel.

O curso *As formas do risível* em *Millôr Fernandes, o cômico, o satírico e o humor* fornece o referencial teórico que possibilita efetuar a leitura dos textos *Pasquins, Décimas e Trovas*, sob o aporte do satírico, da comicidade e do humor[2]. Devo ainda registrar a constante consulta às informações históricas dessa comunidade contidas no trabalho *Painel – Notas para sua História*[3].

A escolha do tema em questão liga-se, de um lado, à história de minha vida em Painel pois, apesar de não ter nascido na localidade, sou casada com um cidadão painelense e estabelecida nessa cidade há aproximadamente dez e de outro lado, a minha trajetória no curso de Pós-Graduação na Universidade Federal de Santa Catarina.

Ao abordar as implicações do título do presente trabalho, *o* interesse pressupõe, de início, alguns dados informativos sobre essa localidade.

A questão primeira diz respeito ao nome. Os resultados da pesquisa apontam para duas versões sobre sua gênese[4]. Uma das hipóteses baseia-se na existência da Fazenda Grande, onde morava o escravo de nome Manuel, guarda do *Portão* ou *Quarteirão do Portão,* local de travessia dos tropeiros, que percorriam esse caminho. Por respeito, como faziam

---

2   O referido curso foi ministrado pela Professora Doutora Odília Carreirão Ortiga, no 2.º semestre de 1998.0 curso Bios e grafias: encontro marcado, ministrado pela Professora Doutora Tânia Regina de Oliveira Ramos, no 1.º Semestre de 1998, facilitou o acesso à bibliografia para a leitura dos textos de Doutel de Andrade. O curso A Crítica Contemporânea na América Latina, ministrado pela Professora Doutora Maria Lúcia de Barros Camargo, no 2º semestre de 1998, possibilitou o conhecimento de algumas vertentes da dessacralização da obra de arte. O curso Teoria do Cinema, ministrado pelo professor José Gatti, no 1º semestre de 1998, mostrou-se valioso ao presente trabalho pela bibliografia sobre cultura de massa e cultura popular.

3   Trabalho da Professora Esteta Amorim Alves – Painel: notas para sua história – de conclusão do Curso de Pós-Graduação, nível especialização, 1987, na Univale em Itajaí, SC. O referido trabalho, ainda não publicado, foi uma fonte valiosa de pesquisa no que se refere à historiografia de Painel, dados confirmados, mais tarde, em consulta direta às fontes citadas no texto.

4   ALVES, S. A. Painel: notas para sua história Itajaí, 1987, Monografia (especialização) Universidade do Vale do Itajaí. p. 55-57.

com todos os pretos velhos, os viajantes deram-lhe o título de *Pai Manoel,* que, na linguagem oral, resulta *Pai-né*⁵. E a rápida aceitação da mudança do nome de *Portão* para *Painel* funda-se na má fama anterior da localidade, reduto de egressos da justiça. Essa mudança de nome ocorre em 1880. A segunda hipótese baseia-se na beleza natural da localidade, capaz de lembrar um grande painel, onde os vales de verdes pinheiros e as pastagens ao sopé dos morros são recortados por córregos de águas frescas e límpidas.

Fragmentos descritivos dessa região encontram-se no livro *Confiteor,* de Paulo Setúbal, quando, por motivo de doença, o autor é obrigado a *recomeçar a vida em terra estranha* em uma pequena cidade, situada na *boca do sertão* catarinense, *perdida rusticamente entre pincaros* de serra. Dessa permanência de dois anos em Lages, *cidadezinha cravada em um cocoruto de serra, boca do* sertão, restam belas descrições da paisagem serrana com seus *panoramas deslumbradores.* O escritor costumava percorrer, com seu cavalo gateado, as *coxilhas ondeantes e sem termo* e demorar seu olhar nas *vastas campanhas povoadas de gadaria*⁶.

As outras informações dizem respeito à identidade histórica, política e cultural de *Painel*⁷. Entre 1728 e 1730, o Sargento Mór Francisco de Souza e Faria, de origem portuguesa, abre uma estrada – *Caminho dos Conventos ou Do Gado* – ligando o litoral (Laguna) ao planalto catarinense. Mais tarde, essa via de acesso, aperfeiçoada pelo tropeiro Cristóvão de Abreu, foi denominada *Estrada Real, Caminho do Sertão ou, ainda, Caminho das Tropas.* É possível constatar pelo

---

5   Ibid., p. 57
6   Os fragmentos textuais acima transcritos foram retirados do livro Confiteor de Paulo Setúbal publicado pela Companhia Editora Nacional, com o subtítulo de Memórias:s: Obra Póstuma, 12° edição, 1983, p. 137. Os textos citados que não pertencem ao corpo principal da leitura serão grafados em letra "Aliai – itálico (tamanho 11) – para diferenciar dos textos do corpos, grafada em Times New Roman — itálico.
7   As informações, que formam o substrato historiográfico desse texto, foram colhidas no trabalho Painel: Notas Para sua História, já citado, de Stela Amorim Alves.

mapeamento da rota a posição meeira de *Painel* nesse traçado, mas pergunta-se: como se constituem juridicamente as terras que mais tarde configuram a cidade atual? O então governador da Capitania de São Paulo, Morgado de Mateus concede ao capitão português Joaquim José Pereira e sua esposa brasileira Ana Maria de Santa Rita uma vasta gleba situada no planalto serrano, denominada por eles "Fazenda Grande". Após a morte do casal, as terras são divididas, cabendo um lote à neta, Simeana de Liz Abreu, que o denominou de "Fazenda Santo Antônio das Caveiras". Da propriedade, permanecem algumas taipas de pedras próximas ao cemitério da cidade.

Com o decorrer do tempo, os herdeiros da grande gleba que constituía a fazenda partilham as terras e findam por vender os lotes a colonos de origens diversas. Os compradores formam o primeiro núcleo populacional da localidade. Em 1889, *Painel* passa de Vila a Distrito, sendo reconhecido como Município em 1994. De 1889 a 1994, algumas coisas mudam. Contudo, o traçado principal permanece quase o mesmo: uma larga avenida com fileiras de casas ao norte e ao sul. A oeste fica a igreja e, a leste, a Prefeitura (antiga Intendência). Nas imediações, pequenas ruas surgem sem mudar na substância o traçado inicial da cidade.

Integram o município as localidades de *Mortandade, Farofa, Casa de Pedra, Segredo, Rios dos Touros, Lageado e Mineiros*. A história de cada uma delas envolve-se com a tradição oral e o lendário, como *Mortandade*, ex-*Galafres*, região dominada por *Martinho Bugreiro,* famoso matador de índios dessa região, responsável por uma matança de aproximadamente cem índios em uma noite, motivando, em revide, a matança de muitos cavalos. Ironicamente o nome tanto pode advir da mortandade dos índios como da mortandade dos cavalos[8].

---

8   Esses dados foram coletados nos arquivos do Museu Thiago de Castro em Lages. Vale lembrar, também, que o episódio da matança dos cavalos tem uma representação semelhante no sacrifício lento e cruel dos cavalos em Grande Sertão Veredas, de Guimarães Rosa.

Em algumas dessas localidades, cujas histórias são quase lendárias, encontram-se capelas dedicadas à devoção dominante dos moradores: *Mortandade* (Imaculada Conceição), *Farofa (São* Cristóvão), *Casa de Pedra* (Santo Antônio), *Segredo (Nossa* Senhora Aparecida), *Rio dos Touros* (Nossa Senhora das Graças), sendo que *Lageado e Mineiros,* a primeira pela proximidade com a localidade de *Segredo* e a segunda, com o distrito de *Lava Tudo* da cidade de *São Joaquim da Costa da Serra*[9]*,* utilizam-se das capelas mais próximas[10].

A economia de Painel baseia-se na agricultura, fruticultura e pecuária. Contudo, a tradição da culinária painelense é um dos traços fortes da cultura dessa região, indo dos clássicos, arroz de carreteiro e paçoca de pinhão, que identificam todo o planalto serrano, ao revirado de tatu e a costela de porco à moda painelaço[11].

Antes de tornar-se município, Painel já apresentava uma forte tradição popular centrada nas celebrações religiosas, cujo traço distintivo é a festa do padroeiro da localidade – São Sebastião – celebrada em janeiro, porém sem observar o dia oficial, pois as festividades principais devem coincidir com o fim de semana. Das comemorações populares de cunho não religioso hoje existentes, destacam-se o Painelaço e o Torneio. A primeira é recente, criada em 1997 nos moldes da Festa do Pinhão de Lages, e a segunda é uma tradição cultural dessa região, identificada com as justas de cavalheiros, presentes na cultura da Idade Média[12].

---

9   A Igreja Matriz de Selo Sebastião, Paróquia de Painel, possui um livro no qual estão registrados os dados sobre a história da fundação de cada uma dessas capelas.
10   É importante ressaltar o envolvimento das comunidades tanto na construção, quanto na conservação da memória dessas capelas. Todas foram edificadas pelo desejo de cada comunidade de possuir santuário, dedicado ao santo de sua maior devoção. Essas capeias podem ser vistas como uma substituição do antigo cruzeiro, marca da colonização Portuguesa. Além do fator religioso, a construção atende, também, à necessidade de socialização dos moradores dessas comunidades.
11   Os dados foram compilados do folheto Culinária Painelense, publicação da Prefeitura Municipal de Painel, em 1998.
12   Os dados foram coletados em Painel – nossa gente, editado pela Prefeitura Municipal, em 1999, por ocasião do 3º Painelaço.

As manifestações culturais de cunho jornalístico surgem na década de 50 (confirmar a data do jornal; se possível, colocar a data na nota rodapé), ainda que de forma simples. Primeiro, um jornal manuscrito chamado O *Painelense,* de responsabilidade de Antônio Joaquim Henriques (o professor *Jota)* e dos jovens Ceslau P. de Souza e Juventino Cruz. O jornal teve curta duração[13]. Entre os anos de 1955 a 1964 surge O *colibri,* organizado pelos alunos da escola *Correia Pinto* (atual Colégio Estadual Padre Antonio Trivellin). Esses dois jornais mensais repercutem apenas em *Painel*[14].

A produção "literária" dessa cultura aqui estudada apresenta dupla face: a seriedade das crônicas memorialistas de Doutel de Andrade; e o risível satírico dos *Pisquinhos e* o risível cômico ou humorístico das *Décimas e Trovas.* Vale lembrar que os cantares das *Décimas* e das *Trovas* são textos que transitam entre a voz e a escrita, marcando a passagem entre a oralidade e a escritura. Em outras palavras, a voz se instala na escrita ao guardar a memória da palavra oral. Assim, todas as *Décimas estão* presas a um cantar gestual e uma narração de desempenho que apresentam em maior e menor dosagem, o risível. Já *o Pisquinho* satiriza a vida social e política da comunidade e, muitas vezes, a vida privada dos habitantes. São folhetos anônimos que as pessoas recebem diretamente por debaixo da porta de suas casas ou pelo correio. Mas por que a população chama de *Pisquinho?* Possivelmente, uma corruptela de *Pasquim,* epigrama satírico produzido na antiga Roma e colocado junto ao torso de uma estátua mutilada. Esses epigramas são mais tarde, identificados a quaisquer tipos de crítica *anônima* contra o Governo ou autoridade geral[15]. Nota-se, entre o clássico *Pasquim* – estrangeiro e nacional – e

---

13 Desse jornal restam apenas três fragmentos dos números 1, 2, 3 e 4, conservados no Museu Thiago de Castro em Lages, SC (ver foto).
14 Essas informações foram, também, colhidas no trabalho da Professora Stela Amorim Alves e ratificarias por leituras efetuadas em jornais antigos, pertencentes ao acervo do supracitado museu.
15 Cf Grande Enciclopédia Brasileira e Portuguesa. Lisboa/Rio de Janeiro: Editorial Enciclopédia, Limitada, s/d, Vol. XX, p. 517.

o *Pisquinho,* a existência de determinantes comuns de uso, conforme será visto mais adiante. Porém, independente das mudanças estruturais ocorridas nos *Pisquinhos,* eles apresentam a mesma característica: a sátira da vida pública e privada dos moradores de *Painel.*

Assim, a comunidade painelense abriga algumas manifestações literárias de cunho popular que variam entre o gracejo, a comicidade e o humor da *Décima e da Trova,* ao satírico do *Pasquim,* conhecido como *Pisquinho; e à* seriedade da *crónica memorialista* de Doutel de Andrade. Apesar das produções textuais apresentarem conteúdos e formas diferentes, todas compartilham da vida comunitária e registram seus usos e costumes.

O anteprojeto de Pesquisa, apresentado como parte das experiências para ingresso no Curso de Pós-Graduação em Literatura da Universidade Federal de Santa Catarina – UFSC, tinha o título provisório de *Painel – Retratos de Sua Memória* e o objetivo geral de estudar as manifestações da cultura popular dessa comunidade pelos gracejos de comicidade e humor, subjacentes nos cantares das *Décimas e Trovas;* pela sátira à vida social e política e também à vida privada dos painelenses, configurada nos *Pisquinhos; e* pelos registros do cotidiano no memorialismo de Doutel de Andrade.

O título do trabalho modificou-se – *A dupla face de Painel: o riso e a seriedade da cultura popular* – – para o exame de qualificação, e define-se agora com o título *A dupla face da cultura popular de Painel: os cantares do risível e a crônica do cotidiano.* Contudo, as linhas gerais do trabalho – metas, *corpus* e percurso de leitura não foram alteradas.

O objetivo geral deste trabalho é evidenciar como os textos retratam de modo diverso a gente, os usos e os costumes da comunidade painelense, primeiro, através dos cantares do risível, abordando ora as *Décimas e as Trovas* pelo viés do cômico e do humor, ora os *Pisquinhos,* do satírico; e, segundo, o registro do cotidiano nas crônicas de Doutel de Andrade pelo viés do memorialismo. E, em paralelo, a pesquisa busca manter viva a memória cultural da cidade, na recolha desses textos marginalizados pelo cânone estético oficial: *os Pasquins, textos* anônimos, veiculados por meios oblíquos (afixados em postes ou paredes) ou por remessa direta; as *Décimas* declamadas em festas particulares e as *Trovas* cantadas em circunstâncias festivas diversas; e, por último, os textos manuscritos inéditos de Doutel de Andrade que registram a memória pessoal e a memória da cidade.

Configuram-se como objetivos específicos do trabalho, a serem processados nas leituras e refletidos na conclusão, constatar as razões da descontinuidade na escrita das *Décimas;* destacar *nos Pisquinhos,* escritos ainda hoje, as mudanças neles ocorridas dos primeiros textos de 1940 aos últimos textos do ano 2000 e, por último, ler as diferenças entre as memórias de cunho autobiográfico e as memórias de caráter testemunhal, crônicas e notas, sobre *Painel.*

Os objetivos acima traçados consubstanciam-se por um projeto de trabalho introduzido por questões generalizadas à guisa de prólogo e continuado em um capítulo no qual as questões envolvidas no *corpus* da pesquisa como o perfil da cultura popular, a poética do risível, o memorialismo, a autobiografia e a crônica da cidade serão pontuadas para fundamentar os procedimentos de leitura.

O corpo central da dissertação está distribuído em três unidades, a primeira *Cantares do risível* – aborda as *Décimas e Trovas;* a segunda – *Pisquinhos: a tradição do satírico* – enfoca os aspectos do erro e do ridículo que marcam o risível satírico; e a terceira – *Memorialismo, autobiografia e crónica de Painel* – categoriza a variedade dos textos manuscritos de Doutel de Andrade.

A unidade, *Á guisa de conclusão: confirmações questionamentos e reflexões,* originada das leituras textuais e dos diálogos dos textos com a moldura teórica, constitui a parte final da dissertação, Nela convergem às leituras teóricas e textuais, objetivando efetuar algumas reflexões sobre o *corpus* como expressões da cultura popular, capazes de manter a memória da coletividade painelense. Antes de dar início ao levantamento das teorias e o processo das leituras, impõem-se três advertências de ordem metodológica. A primeira é relativa à natureza textual, o trabalho com documentos ainda não confirmados corre o risco da insegurança, pois os mesmos podem ter a configuração alterada com a descoberta de novos dados. Por essas circunstâncias, adota-se a cautela de constante indicação da fonte de recolha dos textos em nota de rodapé. A segunda é concernente à opção pelo *corpus* de maior amplitude, fato que, em contrapartida, inviabiliza uma leitura apurada. E, a terceira advertência diz respeito à operação de apresentação e leitura textual. Em virtude do *corpus* da pesquisa ser constituído de várias espécies literárias, adotam-se diretrizes metodológicas diferenciadas tanto de apresentação quanto de leitura das categorias textuais, nas *Décimas e Trovas,* nos *Pisquinhos* e no caderno de memórias. São variações oportunas para desenhar com melhor precisão o mesmo perfil através de diferentes registros textuais, teóricos e metodológicos. Cada capítulo é arquitetado com a precaução de respeitar a identidade de cada grupo textual e de sua linha teórica. Assim, os estudos que compõem essa dissertação, encadeados e sucessivos, partem de um ponto inicial partilhado por todos *eles,* a representação da cultura popular, enquanto os caminhos e os pontos de chegada dispersam-se pelos rumos diferenciados das leituras.

Essas advertências e esses esclarecimentos são dirigidos ao leitor que, de certa forma, acompanhou, no coração e na mente do pesquisador, as etapas da construção do trabalho e que a partir desse momento irá iniciar a parceria na jornada de leitura.

A MOLDURA TEÓRICA

... o homem é um animal com quem é difícil lidar.

Platão

De vez que um dos objetivos deste trabalho gira em torno de manifestações da cultura popular pelo viés do risível – o humor, o cômico e o satírico – busca-se na moldura teórica pontuar alguns tópicos sobre o riso que irão fundar a visão teórica sobre as formas do risível, associando as *Décimas e Trovas* ao gracejo, ao cômico e ao humor, e os *Pisquinhos* ao satírico, todos esses textos como expressões da cultura do povo de Painel.

É difícil fugir da repetência de conceitos já consolidados na tentativa de resgatar a longa trajetória do pensamento ocidental sobre o riso. Mas considera-se importante ressaltar alguns tópicos diferenciais entre a visão clássica do riso, no pensamento grego, e a visão nova, na Modernidade e, em particular, nos tempos atuais.

Para Aristóteles e para o mundo clássico antigo, o riso era motivado por uma ação inferior do homem. E, durante muitos séculos, as formas do risível foram consideradas expressões artísticas de valor estético menor. Essa situação de inferioridade persiste durante todo o classicismo. Em contrapartida, as formas ligadas ao mundo do riso passam a ser vistas na modernidade como uma redenção do "pensamento prisioneiro da razão", e indispensável, junto com o riso, ao conhecimento e à apreensão do mundo. Na estética pós-moderna, o risível instaura, como parte integrante da existência humana, o "desvio " e o "indizível"[16].

O riso é histórico, no tempo e no espaço. Essa afirmativa configura-se por sua repetência em dito comum, cuja veracidade o passar do tempo apenas comprova. Cada época tem seu risível e cada povo, suas preferências.

---

16 ALBERTI, VOL. O riso e o risível na história do pensamento, Rio de Janeiro: Jorge Zaiiar Editor – Fundação Getúlio Vargas, 1999. p. 12.

Porém o espaço do riso no cotidiano do homem moderno diminui bastante nas sociedades ocidentais nesse século. Será o declínio do riso causado pelo fato de os indivíduos se tornarem cada vez mais exigentes em relação ao risível? Ou será que a riqueza dos países desenvolvidos funciona como elemento motivador de severidade e preocupação? No entanto, essa equação – riqueza e seriedade – típica dos países ricos funciona às avessas – pobreza e alegria – nos países pobres ou em processo de desenvolvimento. Em particular no Brasil, a opção do povo em algumas regiões é pela alegria e pelo satírico, em contrapartida, a opção da elite intelectual e, quase sempre, pelo humor, mas em todos, temos o riso, ainda que diferentes e diversificados[17].

Os modernos estudiosos da teoria dos gêneros literários, de Frye a Todorov, admitem que os gêneros atuam na composição do discurso, mas devem ser estudados a partir da obra. Em outras palavras, a obra do escritor deve ser o ponto de partida de qualquer estudo e só através dela deve-se construir a teoria. Em decorrência, a leitura do presente trabalho terá por base uma visão ancorada nos textos. Contudo, faz-se necessária uma espécie de moldura teórica para orientar essa tarefa.

Gracejo, comicidade e humor

Arlequim se confessou brincando.
Ditado popular italiano

A epígrafe acima é um ditado popular italiano usado quando alguém, por meio de uma brincadeira, diz o que pensa. Assim é o gracejo, ' que, segundo Curtius, servia à retórica na antiguidade greco-romana e aos sermões cristãos do fim da

---

17 ORTIGA, O. C. O riso e o risível em Millôr Fernandes: o cômico, o satírico e o "humor". São Paulo, 1994. Tese (Doutorado) Pós-Graduação em Literatura. Universidade de Paulo. p. 176-188.

Idade Média para *ridem dicere verum*[18], isto é, rindo se diz a verdade. Em outras palavras, o gracejo seria um tipo de brincadeira, um jogo de apontar aquilo que está errado através do riso.

A retórica também contribui para confundir os limites entre o gracejo e a seriedade, pois na antiguidade grega a discussão sobre o ridículo já era conhecida. E os romanos, ao dominarem o povo grego, apossaram-se de sua cultura. Assim, Cícero, Quintiliano e Plínio (o Moço) deixam-se influenciar pela teoria do risível. Para Plínio, a união entre gracejo e seriedade não é somente um jogo poético, mas um ideal de vida. O pensamento de Plínio chega até a Idade Média[19]

Tanto o gracejo e a seriedade como a teoria do inundo às avessas, em contraponto ao mundo "correto", convivem na Idade Média. A Igreja assume posições contraditórias em relação ao riso e ao risível. Alguns religiosos condenam o riso com base nos ensinamentos de João Crisóstomo, na afirmativa que "Cristo jamais riu"[20]. Contudo, a igreja medieval mantém posições a favor do gracejo e do riso, baseadas na palavra do apóstolo Paulo: "Seja a vossa palavra sempre temperada com o sal da graça"[21]. Desse modo, verifica-se que, em algumas épocas, a Igreja chega a permitir todas as atitudes em relação ao riso, da rejeição à tolerância.

Na Modernidade, a ideia de *gracejo* funde-se com a natureza e o significado do *jogo*, ambos incorporados aos estudos culturais. Gracejo e jogo situam-se em posição "diametralmente oposta à seriedade"[22]. Também possível pensar uma aproximação do gracejo com o cômico e do gracejo, em sua forma mais atenuada, com o humor.

Para iniciar a leitura do cômico nas *Décimas*, fazem-se necessárias pontuações de algumas teorias que irão moldar a leitura. Assim, começar-se-á com considerações a cerca da forma

---

18   CURTIUS, E. R. Literatura europeia e Idade Média latina. 2. ed. Tradução de Teodoro Cabral e Paulo Rónai. Brasília: Instituto Nacional do Livro, 1979. p. 436.
19   Ibid., p. 437.
20   Ibid., p. 440.
21   Ibid., p. 441.
22   H.OTZINGA, J. Homo Ludens. Tradução de João Paulo Monteiro. São Paulo: Perspectiva. 1980. p. 8

substantiva do cômico: a comédia. Na antiguidade grega, representava os homens em suas ações baixas, segundo o pensamento de Aristóteles. Ao resumir as referências à comédia, encontradas na *Poética* de Aristóteles, Verena Alberti destaca quatro tópicos de seu perfil: representar as ações humanas baixas ou, mais especificamente, as personagens em ações piores dá que as nossas; cobrir todo o tipo de baixeza ao configurar a parte do torpe incapaz de causar terror e piedade: um defeito moral ou físico, inofensivo e insignificante; modelar a representação do acontecido na ordem do verossímil; e empregar os traços da linguagem do cômico: a desmedida e o fora de propósito[23].

Observe-se que a teoria de Aristóteles não se dirige diretamente ao riso, mas ao objeto de riso, ou seja, a imitação das ações humanas baixas, representadas pela comédia[24]. Fecha-se assim a digressão sobre a comédia, pois conforme foi dito antes, o interesse desse capítulo é destacar alguns elementos teóricos capazes de configurar o cômico nas *Décimas* painelenses.

Ao longo da tradição do pensamento ocidental, muitos autores abordam o cômico. Porém, alguns elementos teóricos de Bergson são aqui escolhidos para nortear a leitura das *Décimas*[25]. *Segundo* o Autor, o cômico só ocorre no propriamente humano, determinado por circunstâncias exteriores. E quanto mais natural for a motivação do cômico, mais risível será seu efeito. O cômico é visto por Bergson como uma manifestação negativa cuja correção é o riso[26]. A teoria bergsoniana do cômico apresenta "dois pontos basilares: primeiro, o cômico como forma de autodestruição da sociedade; segundo, o riso como terapêutica capaz de salvar da "morte" essa mesma sociedade"[27].

---

23   ALBERTI, O riso e o risível..., p. 49.
24   Ibid., p. 45-47.
25   A preferência não implica em ignorar a contribuição sobre o tema em outros autores como Hobbes, Bataille, Propp, Umberto Eco, cujas visões do cômico poderiam complementar a teoria de Bergson. Porém, a opção foi feita pelos autores citados.
26   BERGSON, H. O riso: ensaio sobre a significação do riso. 2' ed. Rio de Janeiro: Jorge Zahar Editores, 1983. p. 19.
27   ORTIGA, As três formas do risível..., p. 48.

Se o cômico nos faz rir do ridículo humano, pelo fato de exprimir um erro ou seja, por ser contrário ao que se espera, talvez a base de todas as teorias sobre o risível poderia ser o desejo de perfeição humana.

Umberto Eco ao abordar o cômico sob a problemática de estar ligado "ao tempo, à sociedade, à antropologia cultural", considera insuficiente a clássica teoria de relacionar o cômico com a violação da regra "cometida por uma personagem inferior, de caráter animalesco, em relação a quem experimentamos um sentimento de superioridade, de modo que não nos identificamos com sua queda"[28]. Desta maneira, conforme Eco a regra social violada pelo cômico "é de tal modo conhecida que não há necessidade de reforçá-la", daí sua aparência de "popular, liberatório, subversivo porque dá a licença de violar a regra"[29]. Para alguns autores, o cômico e o humor identificam-se como formas de transgressão das regras sociais, variando apenas na postura. Para Eco enquanto o primeiro, "é a percepção do oposto"; o humor e o humorismo "é o sentimento do oposto"[30].

Entre as formas do risível, o humor é a mais recente, pois surgiu com o advento da modernidade, enquanto o cômico e o satírico têm suas raízes teóricas no mundo greco-latino"[31]. Existe uma dificuldade geral em conceituar a palavra humor fora da acepção particular dada pelos ingleses. Esses por sua vez foram buscá-la no vocábulo francês *humeur* que significava "inclinação para o gracejo", dando-lhe a feição especial dó espírito inglês: "isento de paixão, sem alvoroço, moderado, seco, austero"[32]. Em outras palavras, o humor britânico produz o riso cordial e comedido revelando a dupla face da alma inglesa: "enigmática de um otimismo triste e de um pessimismo alegre"[33].

---

28   ECO, U. O cômico e a regra. In: Viagem na irrealidade cotidiana. Tradução de Aurora Fomoni Bernardine e Homero Freitas de Andrade. Rio de Janeiro: Nova Fronteira, 1984. p. 343.
29   Ibid., p. 349.
30   Ibid., p. 350.
31   ORTIGA, As três formas do risível..., p. 177.
32   MORAES, E. A. de. O Humor e Similares. In: Drummond Rima Itabira Mundo. Rio de Janeiro, Livraria José Olympio Editora. Coleção Documentos Brasileiros, 1972, p. 187-188.
33   19 ESCARPIT, R. El Humor. Buenos Aires: Eudeba Editorial Universitaria de Buenos Aires, 1962, p. 25.

Muitos autores escreveram sobre o humor e para proporcionar uma visão maior do assunto selecionam-se alguns conceitos mais adequados ao presente trabalho. Para Freud, o processo humorístico pode ocorrer de duas maneiras: primeiro, uma pessoa ri de seus infortúnios e sabe que as outras também estão rindo, segundo, a pessoa não sabe que suas atitudes provocam risos nas outras. Logo, as brincadeiras podem ser dirigidas para o indivíduo que as faz como para os outros. Além disso, afirma que o humor causa no ouvinte a expectativa de afeto, zanga ou queixa e ao invés disso a pessoa fala algo engraçado. Assim, "o gasto de sentimento é economizado e transformado em prazer"[34]. Já no pensamento de Pirandello, o humor "se realiza na contraposição entre o ideal e a realidade"[35]. Para outros autores, quando ocorre uma fusão entre o sentimento de piedade e o riso, surge o humor pelo qual se produz um riso simpático e se registra a identidade entre o agente e o objeto do riso. Desse modo, possui um caráter especial, provocando sorrisos ao invés de risos ou, pelo menos, não o riso da zombaria. De acordo com Afrânio Peixoto, o verdadeiro humor existe apenas nos países de origem anglo--saxônica[36]. Porém, o humor como sentimento do contrário permite ao humorista visualizar através do ridículo "o lado sério e doloroso" da vida, provocando o riso benevolente da compaixão, característica que o diferencia do riso motivado pelas outras formas do risível. Por outro lado, "se o cômico ajuda a ver o homem através de seu ridículo, e o satírico, a lutar contra todas as formas de opressão, cabe ao `humor' dar uma outra dimensão à vida do homem, ensinando-o a viver"[37]. Em decorrência, a capacidade específica do humorista está em levar a refletir e exprimir o contraste entre o parecer e o ser[38].

---

34 FREUD, S. El humorismo, In: Obras Completas. Madrid: Nova VOL. VIII, 1973. p. 189, 190.
35 PIRANDELLO, L. Ensaios: "una especial contraposición entre el ideal y la realidad", Madrid: Ediciones
36 PEIXOTO, A. Ensaios de Breviário Nacional do Humorismo. 2ª edição. São Paulo: Companhia Editora Nacional do Humorismo, 1936. p. 09-37.
37 ORTIGA, As três formas do risível p. 177.
38 BOSI, A. Céu, Inferno: Ensaios de Crítica Literária e Ideologia. São Paulo: Ática, 1966. p.188

No Brasil, o humor aparece quase sempre fundido com o satírico, pois o humor entendido como graça discreta, inteligente e espirituosa, mesclada com amargura e melancolia, não parece afirmar-se com a cultura brasileira[39], daí o uso mais frequente da denominação humorismo. A fortuna teórica e crítica do humor e do humorismo é extensa e aqui foram selecionados apenas os aspectos teóricos mais aproximados com os textos produzidos em Painel.

Satíricos e Sátira

> *Pois de muitas coisas agora já podemos rir. De outras jamais poderemos.*
> Millôr Fernandes

Como uma das metas desse trabalho é destacar o satírico nos *Pisquinhos* torna-se aconselhável, para melhor localização do tema, falar primeiro sobre a forma substantiva, a sátira[40]. Tida como uma espécie de poética do risível que consiste no ataque a pessoas ou instituições, a sátira revela a insatisfação de quem a escreve em relação aos males dos indivíduos ou da sociedade.

Tão antiga quanto a tragédia e a comédia, a sátira remonta á antiguidade greco-romana. Embora os romanos atribuam sua cultura a origem dessa forma literária, na cultura grega ela existia tanto nas diatribes e nos vitupérios quanto no drama satírico. Dessa maneira se, de um lado, os gregos não conheciam a forma substantiva – a sátira – de outro lado eles conheciam de longa data a forma adjetiva, o satírico.

Os estudiosos do assunto assinalam ser o período histórico muito importante para as formas assumidas pela sátira, pois o contexto introduz outros elementos de igual importância, como: a linguagem utilizada pela sátira e a relação entre o

---

39   ORTIGA, op. cit., p. 188.
40   ORTIGA, As três formas do risível p. 135 – 139.

satirista e a sociedade em que vive. Assim sendo, a sátira torna mais legível a natureza de sua crítica quando complementada por um estudo do contexto histórico e identificada ao público para quem foi dirigida.

Alguns críticos literários divergem quanto à natureza retórica da sátira. Uns não. consideram apenas uma simples atitude do homem em relação à sociedade. Outros a veem como uma retomada da posição ritualista do homem de defender-se de todas as formas de ataque, Todavia, apesar das diferenças de pensamento entre os críticos, a maioria concorda que existem convenções básicas que regem a sátira em suas formas de manifestação, como por exemplo, o ataque ou a censura ao homem e a todas suas tolices.

Para Worcester, a sátira é o mais retórico de todos os gêneros literários, pois seu objetivo é persuadir o leitor[41]. O autor reconhece três tipos de sátira: *a invectiva, o burlesco* e a *ironia.* A primeira expressa-se de modo direto e didático, provocando o riso de escárnio ou de desprezo que caracteriza este tipo de sátira. O *burlesco* subdivide-se em, baixo burlesco com o objetivo de rebaixar e degradar ao tratar um assunto importante de modo comum; e alto burlesco que trata de um assunto comum de modo "elevado". A última, a *ironia* que se configura na expressão mais elevada do espírito satírico, de acordo com Worcester, apresenta-se sob quatro aspectos: a *ironia verbal* que pode assumir o sarcasmo, seu modo mais grosseiro ou a ironia de inversão, que consiste em dizer o contrário daquilo que se pensa; a *ironia socrática,* que expressa a autodepreciação do autor e a elevação do alheio, ao levar seu argumento até ao método dialético de Sócrates, compreendendo as subespécies de sátira ingênua e sátira utópica; *a ironia de fatos,* também conhecida como *ironia dramática,* que resulta da escolha do assunto feita pelo autor sem qualquer estilo específico; *a ironia cósmica,* que desafia o poder e a justiça divina, chamando para si a forma diabólica[42].

---

41 WORCESTER, D. The art of Satire. Cambridge: Harvard Unive. Press, 1940. p. 37.
42 Id.

Ainda segundo Worcester, a sátira destaca-se pela ênfase no *sentido do ridículo'* e o riso do satírico é dirigido para um fim definido3Ó. Dessa forma, de acordo com o Autor em questão, o objetivo da sátira é chocar a humanidade, obrigando-a a rever sua noção da realidade.

Conforme Leonard Feinberg[43], a sátira enfatiza o que parece ser real, sendo sua essência o contraste entre a realidade e a pretensão. Em outras palavras, na sátira diz-se o oposto daquilo que se pensa, semelhante à fábula e à alegoria. Porém, ao contrário dessas, a sátira nem sempre objetiva uma lição moral. Critica indivíduos e instituições, tomando-os ridículos, pelas palavras sarcásticas e amargas. Uma outra característica apontada por Fainberg é a distorção, quase sempre na forma de exagero e desordem[44], para mostrar em seu avesso a ordem verdadeira dos fatos. Verifica-se que o objetivo da sátira, segundo o Autor é pontuar as falhas da sociedade e não corrigi-las. Dentre as fontes da sátira, destaca a dissimulação como a mais rica. A literatura satírica é, também, permeada pela pretensão e pela hipocrisia, pois estes são defeitos inevitáveis do homem e da sociedade. A dissimulação vem da pretensão do homem que se julga sempre motivado por bons princípios de moral e nunca pelo que é imoral[45]. Desse modo, constata-se a existência de um conflito entre o ideal e. desejável, e o prático e real. Esse conflito é a fonte fundamental da sátira"[46]. Contudo, assinala que para alguns defensores, a sátira não é motivada pelo escárnio, mas pela indignação moral"[47]. Por último, Feinberg afirma que os satiristas são pessoas que desfrutam do prazer de escarnecer, e a leitura da sátira – causa prazer e não aprendizagem. O satirista, estimulado pelas contradições da sociedade em que vive, enraivecido ou divertido por elas, passa a ridicularizá-la. Sente-se mais impulsionado pelo desejo estético de autoafirmação do que pelo desejo ético de reforma.

---

43 FEINBERG, L. Introduction to satire. Iowa USA: The Iowa University Press, 1965. p. 5-103.
44 Ibid., p. 04.
45 Ibid., p. 23.
46 FEINBERG, L. Introduction to..., p. 108.
47 Id.

Dessa forma, Feinberg compartilha do pensamento de Worcester, pois ambos consideram a sátira lima arma desleal. Em seu ensaio *The Mythos of Winter: Imny and Satire*, Frye destaca que a principal distinção entre ironia e sátira é que a sátira é a ironia militante: suas normas morais são claras e assume posições contra as quais o grotesco e o absurdo são ponderados[48]. No pensamento de Frye, duas coisas são importantes para configurar a sátira: lima delas é o juízo fundado na fantasia ou no senso de absurdo; a outra, é um objeto de ataque ou uma pura denúncia"[49]. Para que haja eficácia no ataque, o satirista deve acreditar na possibilidade de desestabilizar o indivíduo ou a instituição contra quem a sátira. Se dirige. E em. paralelo, a sátira oferece tanto ao satirista quanto ao leitor, além do prazer de estar livre do ridículo, a garantia de imunidade à sátira. O Autor divide a sátira em três fases. Na primeira, encontra-se a sátira de norma inferior e corresponde à comédia irônica cujo princípio é manter os olhos abertos e a boca fechada. Sendo assim, autor satírico aconselha o modo de vida convencional, pois o conhecimento profundo da natureza humana impede ilusões, confiando mais nas observações e no senso de oportunidade e menos na agressividade. Frye destaca que o mais difícil de ser satirizado é o comportamento convencional e o mais fácil, o excêntrico. Em sua segunda fase, a sátira ridiculariza fontes e valores convencionais, buscando demonstrar a variedade da futilidade humana[50]. Em síntese, a sátira nessa fase defende o pragmatismo contra o dogmatismo[51]. A terceira fase, segundo Frye, também chamada de sátira de norma superior, tem como critério o senso comum"[52]. Assim, o satirista mostrará a sociedade através de pontos de vista não comuns, exagerando para maior ou para menor as proporções dessa sociedade.

---

48 36 FRYE, N. The mythos of winter: irony and satire. In: Anatamy of Criticism. Princeton: Princeton University Press, 1957. p. 158.
49 Ibid., p. 155.
50 FRYE. The mythos of winter..., p. 159.
51 Ibid., p. 160.
52 Ibid., p. 161.

É importante destacar que a Pós-Modernidade elevou a sátira e o satírico, como as demais formas do risível, ao mesmo plano das artes maiores. Em outras palavras, a estética contemporânea findou por valorizar várias outras categorias literárias menos consideradas pela estética clássica como o memorialismo e a crônica ligados ambos ao registro do cotidiano.

Memória, autobiografia e crônica

> *Meu dia outrora principiava alegre, no entanto à noite eu chorava. Hoje, mais velho, nascem-me em dúvida os dias, mas findam sagrados, serenamente.*
>
> Holderlin⁵³

De acordo com Eclea Bosi, "a memória é um cabedal infinito do qual só registramos fragmentos"⁵⁴. Considerando o fato do memorialismo ser parte desse trabalho, faz-se necessário tocar em aspectos míticos da memória a partir das considerações da autora sobre *Mnemosyne,* uma das divindades do panteão grego, irmã do Tempo e do Oceano, condutora do coro das musas e responsável pela "função poética da onisciência de tempos passados, não só do passado individual, mas do tempo antigo "⁵⁵. Assim, a memória estabelece um liame entre o passado e o presente, trazendo de volta os acontecimentos pretéritos⁵⁶. Para o mundo grego antigo, a memória tinha a função de vidência e êxtase; para os tempos atuais, a memória "é o conhecimento do passado que se organiza, ordena o tempo, localiza cronologicamente"⁵⁷.

---

53 A epígrafe, fragmento de um poema de Hälderlin traduzido por Manuel Bandeira, consta do livro Memória e Sociedade: lembranças de velhos, de Ecléa Bosi.
54 BOSI, E. Memória e Sociedade: Lembranças de Velhos. São Paulo: Companhia das Letras, 1999. p 39.
55 Id.
56 Ibid., p 89, 90.
57 BOSI, E. Memória e Sociedade p. 89.

A partir desses traços de caráter histórico, verifica-se que a memória do indivíduo está ligada à memória do grupo: família, classe social, escola e religião, transformando-a tanto em memória subjetiva como coletiva. Dessa forma, estabelecer a diferença entre autobiografia e memórias é um trabalho difícil. Os limites que as separam são imprecisos e subjetivos, e as técnicas narrativas são comuns às duas formas. O gênero memorialista encontra-se entre a autobiografia e a história. A autobiografia é um registro pessoal no qual o "eu" comanda o fluxo das recordações. Tudo é visto sob o prisma da subjetividade. Contudo, o "registro autobiográfico pressupõe uma reflexão sobre o mundo interior da experiência: seu objetivo é uma vida, não simplesmente um registro de coisas que tenham `roçado' uma existência"[58]. Diferencia-se do diário que é o registro sistemático dos acontecimentos da vida cotidiana. Para Halbwachs as pessoas estão em constante procedimento de reescrever sua história através da lembrança, que é "uma reconstrução do passado com a ajuda de dados emprestados ao presente, e preparada por outras reconstruções feitas em épocas anteriores e de onde a imagem de outro tempo saiu já bem alterada"[59]. Em decorrência, tem-se a consciência de que, não é possível o homem entender nem apreender a realidade, sem passar por um prazo de interiorização. Segundo o Autor, a memória de cada indivíduo está ligada a de outros, ou seja, a do grupo, que por sua vez integra a memória coletiva. Os fatos armazenados por um indivíduo estão entrelaçados aos de outros "nas múltiplas redes das quais faz parte e nas quais atua"[60]. A história pessoal encontra-se na história coletiva. Para ele, o memorialismo "é um registro temperamental, contido de humores e de assuntos selecionados no qual o autor é, ao mesmo tempo, leitor. E a palavra escrita de frente para o espelho e que joga com o ocultamento e o

---

58   MALUF, M. Ruídos da memória. São Paulo: Ed. Silicone, 1999. p. 21.
59   HALBWACHS, M. A memória coletiva. São Paulo: Vértice, 1990. p. 56.
60   HALBWACHS. A memória coletiva..., p. R.

desvelamento da experiência vivida"[61]. Porém, apesar de ser uma fonte documental importante, a literatura de caráter pessoal não pode ser tratada como se relatasse fatos verídicos. O memorialista ao narrar os episódios passados de sua história de vida pode modificá-los de acordo sua visão atual. O texto de memórias "detém seu olhar na superficialidade dos acontecimentos de onde retira e guarda lembranças significativas"[62].

Enquanto que o texto autobiográfico detém-se nos registros do "eu", o texto memorialista apresenta um caráter testemunhal, fornecendo aos fatos uma dose de credibilidade e veracidade, em consequência possui forma mais documental. E o "eu" do testemunho, das autobiografias e memórias é diferente do "eu" das biografias tradicionais de homens e mulheres famosos, cuja vida privada desperta a curiosidade das pessoas comuns. O autor de um testemunho insere-se em uma comunidade não dependente de fronteiras locais e, por sua vez, faz parte de um todo maior. A grandeza do testemunho encontra-se no exercício de solidariedade com o outro. Ao contrário da biografia ou dos gêneros que emprestam a técnica estilística para a história do outro, o testemunho apresenta uma coloração solidária entre escritor e cidade[63].

E, por último, na sequência ao memorialismo e à autobiografia, registram-se algumas considerações teóricas sobre a crônica.

A crônica é sempre uma escrita do tempo, conforme o olhar que cada sociedade a ele dirige. Como gênero híbrido, a oscilar entre a literatura e o jornalismo, apresenta uma linguagem mais simples o que possibilita melhor relação de texto e leitor.

O cronista do passado, segundo Telê Porto Ancona Lopez, tinha a obrigação de relatar de modo fiel e minucioso o cotidiano, sendo responsável pela fixação dos acontecimentos

---

61   Ibid., p. 10.
62   Ibid., p. 11.
63   HALBWACHS, A memória coletiva..., p. 10.

e pela manutenção de sua memória. Os critérios desse registro eram, contudo, variáveis, indo da reprodução dos acontecimentos a contaminações pela fixação[64].

Para o cronista moderno, as responsabilidades são menores no que diz respeito à permanência da notícia registrada, pois não escreve para a posteridade. O que foi escrito hoje pode ser esquecido amanhã. Em contrapartida, continua a preocupação de agradar, agora direcionada ao público. A crônica não é considerada um gênero maior comparável ao conto, ao romance, à poesia e ao teatro. No entanto, em decorrência de sua estrutura aparentemente simples, aproxima-se mais do leitor, por ajustar-se à sensibilidade do dia a dia[65]. De acordo com Antonio Candido, "ela é amiga da verdade e da poesia nas suas formas mais diretas e também mais fantásticas, – sobretudo porque quase sempre utiliza o *humor"*[66].

Ao contrário dos demais gêneros, que são escritos para perpetuarem-se, a crônica não tem essa pretensão por ser fruto da modernidade e da invenção da imprensa. Ela não é feita para ficar, visto que seu veículo de exposição é primeiro o jornal e depois o livro. E o jornal dificilmente guarda-se em acervos pessoais. Assim, constata-se que a crônica, nascida no jornal, possui origens e características próprias. E devido sua aceitação no Brasil, justifica-se a propagação pelo interior do território brasileiro. O cronista urbano caminha pelos bairros em busca de inspiração, ao passo que o cronista do interior, como Doutel de Andrade, inspira-se na simplicidade dos acontecimentos diários da comunidade em que vive, retratando-os em seus registras. Em sua totalidade esses registros

---

64   LOPEZ, T. P. A. A crônica de Mário de Andrade: impressões que historiam. In: CANDIDO. A. A crônica, o gênero, sua fixação e suas transformações no Brasil. Campinas: Editora da Unicamp, Rio de Janeiro, 1992. p. 165.
65   CANDIDO, A. A vida ao Rés-do-chão. In: A Crônica. O gênero, sua fixação e suas transformações no Brasil.
66   Ibid., p 14.

memorialistas possibilitam ao leitor o conhecimento da vida cotidiana de Painel.

Cultura popular

> *A cultura é como uma lente através da qual o homem vê o mundo.*
> Ruth Benedict

As indagações aqui expressas buscam relacionar cultura com ideologia de um povo. Assim, o conjunto de ideias de uma população repousa em sua cultura, em particular, a popular? Provavelmente sim, pois ambas – identidade e cultura popular – nascem no seio de um povo, expressando conhecimentos, crenças, costumes, hábitos e manifestações artísticas que se formam nesse grupo social.

Peter Burke, em *Cultura Popular na Idade Moderna, discute a* problemática suscitada pelo conceito de "cultura" e pela utilização do termo popular. Após uma conquista gradativa a história da cultura inclui atualmente a história da vida cotidiana, também chamada história sociocultural. Todavia, admite ser "impossível traçar um limite preciso entre o sentido estrito e o sentido amplo de 'cultura'"[67]. Também a fronteira entre as várias culturas do povo e as várias culturas de elite é vaga, daí os estudiosos do assunto optarem pela integração e não pela divisão delas. As integrações entre as duas culturas é a tônica de estudos mais recentes. Porém, Burke adverte que o problema básico funda-se no fato de uma cultura ser um sistema com "limites muito indefinidos"[68].

De acordo com Ecléa Bosi, a cultura popular possui a capacidade de mesclar elementos culturais – o novo e o antigo – com elementos folclóricos, podendo esses últimos

---

67 BURKE, P. Cultura Popular na Idade Moderna, São Paulo: Companhia rias Letras, 1989. p. 20-21.
68 Ibid., p, 24.

manterem-se através dos tempos e muito além da situação em que se formaram[69]. A cultura popular, segundo a autora, nasce no seio de um povo, impondo valores que passam a fazer parte do cotidiano desse grupo social. Às vezes confunde-se cultura de massa com cultura popular. A primeira tem como tendência contrapor-se à chamada alta cultura ao passo que a popular não se define em oposição à alta. Assim, "tanto do ponto de vista histórico quanto do funcional, a cultura popular atravessou a cultura de massa, tomando seus elementos e transfigurando esse cotidiano em arte. Ela pode assimilar novos significados em um fluxo continuo e dialético"[70].

Segundo Ernst Fischer, o conceito de "folclore" e de "arte popular" são construções do pensamento romântico, frutos da "unidade perdida, da síntese da personalidade e da coletividade, em seu protesto contra a alienação capitalista"[71]. A produção popular, na concepção do Romantismo, opõe-se como um produto natural aos produtos das outras artes, considerados como "fabricados". Contudo, Fischer questiona essa concepção de arte, pois o "fazer artístico" exprime sempre necessidades e ideias de uma coletividade, tanto a produção da arte "maior" quanto da popular. Assinala, ainda, que a arte popular não apresenta forma definitiva, pois sofre alterações no decurso de sua transmissão, podendo ser contaminada por elementos do *kitsch,* da vulgaridade e da sentimentalidade, embora reconheça que esses elementos podem, também, ser populares[72].

Conforme a teoria romântica, a poesia popular é fruto da imaginação coletiva[73]. Entretanto, a poesia popular só pode

---

69   BOSI, E. Cultura de massa..., p. 65.
70   BOSI, E. Cultura de massa..., p. 67.
71   FISCHER, E. A necessidade da Arte. Tradução de Orlando Neves. Lisboa. Editora Ulisseia, s/d, p. 71.
72   Ibid., p. 72-73.
73   No pensamento de Lêda T. Ribeiro, essa posição foi contestada mais tarde por vários autores como K. Vossler por não acreditarem que uma poesia possa ser escrita em conjunto, Cf, RIBEIRO, L. T. Mito e Poesia Popular. Rio de Janeiro: Funarte/Instituto Nacional do Folclore, 1987. p. 111.

ser considerada de autoria coletiva quando alterada por outros poetas através dos tempos[74], pois essa poesia só existe quando se dirige ao público, procurando retratar gestos e preferências populares. E ao contrário da literatura culta que "se destina a um leitor solitário, a popular destina-se a um auditório, onde possa ser recitada ou cantada"[75].

Por outro lado, o folclore não é um fenômeno estático, fossilizado, ao contrário encontra-se em constante mudança de acordo com as condições sócio econômicas das comunidades que lhe dão vida. Irai ser o folclore coletivo, pois admitindo a produção de origem individual essa, ao ser "adotada e reinterpretada" pela comunidade, passa a ser patrimônio coletivo[76]. Além disso, os fatos folclóricos ao satisfazerem as necessidades do grupo desempenham função social relevante. A característica mais distintiva é a circunstância do anonimato, a criação se perde ao longo da transmissão oral.

Há três visões da literatura popular através dos tempos, segundo o ensaio de Jacques Migozzi. Na França, essa era "sinônimo de literatura oral" a começar pelos folcloristas do séc. XIX. Mais tarde, em 1986 um grupo de pesquisadores estudam somente "a literatura popular escrita [...] intermediária entre cultura oral e cultura letrada"[77]. É essa terceira visão que prevalece até os dias atuais, daí o termo literatura popular permitir muitos equívocos. Além de designar a literatura popular propriamente dita, serve, também, para denominar qualquer texto que está fora dos cânones das elites intelectuais. Assim, muitas vezes o termo é empregado de modo errôneo para indicar a chamada literatura de massa ou literatura de grande consumo.

---

74   RIBEIRO, L. T. Mito e Poesia..., p. 63.
75   RIBEIRO, L. T. Mito e Poesia..., p. 64.
76   FIGUEROA, G. A. L. Tendencias del estudio del folklore en América en la actualidad. Necesidades y Perspectivas. In: Folclore Americano, a 50. Jnstituto Americano de Geografia e História, 1999. p. 23.
77   MIGOZZI, J. Dez anos de pesquisa em literaturas populares: o estado da pesquisa visto de Limoges. In: BERND, Z. e MIGOZZI, J., (orgs). Fronteiras do literário. Literatura oral e popular Brasil/França. Porto Alegre: Editora da Universidade, 1995. p. 11-18.

No Brasil, por mais de uma centúria, os estudos sistematizados sobre a cultura popular intensificam-se com a coleta de informações existentes, ainda que sem grandes preocupações com os aspectos científicos dos registro de fontes e dados. Dessa vertente destacam-se, Sílvio Romero, Mello Moraes Filho e F. J. de Santa-Anua *Nery*. A partir da década de trinta do século XX, surge um outro grupo que fixou esses estudos sob a denominação de folclore.

Dele fazem parte, Luís da Câmara Cascudo, Mário de Andrade, Renato Almeida, Rossini Tavares de Lima e Théo Brandão[78] que buscam valorizar a cultura do povo. A década de 60 determina o aparecimento de um grupo com outra visão desses estudos, agora enfocados sob duplo ângulo: como expressão de uma "conscientização progressiva" e como porta-voz dos anseios do homem simples brasileiro. Deste grupo fazem parte Carlos Rodrigues Brandão, Laura Della Monica, Luiz Beltrão e Américo Pellegrini Filho. Da década de 70 até nossos dias, os estudos do folclore intensificam-se na América Latina, fazendo surgir uma corrente de forte tendência para substituir a nominação de folclore – "anacrônica", "cientificamente estreita" e "pejorativa" – por Cultura Popular Tradicional de espectro mais amplo capaz de expressar os valores autênticos de uma nação, criados ao longo de sua história e nutridos diuturnamente pela realidade socioeconômica que rege a vida coletiva[79].

Os estudiosos do assunto assinalam que a poesia popular caracteriza-se pela anonímia, improvisação e oralidade[80]. A poesia popular e a poesia erudita têm valores específicos e a critica tradicional olhou para ambas de modo diferenciado. Na atualidade, sob o ângulo dos estudos culturais, admitem-se idênticos méritos à literatura popular e à literatura culta.

---

78   LUYEN J M. Sistemas de comunicação popular. São Paulo: Ática. Série princípios, 1988. p. 54.
79   FIGUEROA, Folclore Americano..., p. 31.
80   Ibid., p. 56.

É importante destacar, na Literatura Brasileira, a constante interação da norma popular e da culta. Cita-se, como exemplo, Jorge Amado, José Lins do Rego, Ariano Suassuna e Guimarães Rosa, cujos textos entrelaçam registros populares com a ficção.

As *Décimas e os Pisquinhos* há muito tempo fazem parte da tradição de Painel, por configurarem as principais manifestações da cultura popular da região. Apesar de apresentarem-se sempre na forma escrita, possuem características da linguagem oral, pois a estrutura de ambos, em especial as primeiras, revela que foram escritas para serem decoradas ou declamadas[81]. Assim, faz-se necessário tocar de leve na oralidade dessas formas poéticas, que se perpetuam, hoje, na transmissão de geração em geração como foram perpetuadas ao longo da Idade Média. O jogral, antigo poeta popular, não trazia anotações do texto poético ao se deslocar de um local para o outro. E, quando a memória falhava, improvisava novo verso ou novas palavras. Desse modo, verifica-se que a poesia popular é feita e refeita desde essa época até os dias de hoje, ou para suprir falhas da memória ou para atender ao gosto dos ouvintes. Em contrapartida, a poesia erudita, por nascer escrita, permanece quase intacta e fiel ao texto do autor, não sofrendo as alterações ocorridas na poesia popular oral. Por outro lado, a poesia popular importa-se menos com a questão de autoria e o anonimato passa a constituir uma de suas características[82]. Outro aspecto da questão, desenha-se na discussão da intencionalidade da criação artística. Ao contrário do escritor erudito, o poeta popular não tem a intenção de "imortalizar-se

---

81   O fato pode ser comprovado pela disposição das rimas intercaladas que permite que os versos sejam decorados com mais facilidade. Cita-se como exemplo uma estrofe da Décima do Tigre Pintado: Vou contar da minha vida, /Desde o meu nascimento, / Quando eu tinha quatro meses. / Eu tinha grande talento. / Caçava por minha conta. /Por ser tigre de agro-cento. E uma estrofe de um Pisquinho: No Painel meus amigos /aumentou os movimentos /as eleições se aproximam / o prazo chegou no eito / existem cinco partidos / e mais de oito prefeitos.

82   "O poeta popular, quando cria, ao contrário do escritor erudito, não está preocupado em imortalizar-se pelo testemunho de sua obra." RIBEIRO. Mito e Poesia..., p. 63.

pelo testemunho de sua obra"[83]. Daí, talvez o engano de acreditar que a poesia popular é fruto de produção coletiva.

Desse modo, os autores das *Décimas* e dos *Pisquinhos* painelenses representam as preferências do povo destinatário dessa produção artística, divertindo-o com o humor das *Décimas* e com o satírico dos *Pisquinhos*. *Em* paralelo, os textos de Doutel de Andrade representam uma outra vertente da cultura popular, a manutenção da memória de uma sociedade, tanto pelo registro dos acontecimentos mais importantes da vida comunitária, as festas, quanto pelo registro de pequenos acontecimentos pessoais ou de cunho coletivo. Nos textos memorialistas, ocorre um ri-úmero expressivo de registros de festas, conforme será visto mais adiante.

A pesquisa teórica atinente a esse tópico referencia o texto *Mito e Metafísica,* de Gusdorf, ao interpretar *a festa* como uma ruptura com o tempo cronológico e um salto em direção ao intemporal, quando o sagrado volta a reintegrar-se à realidade humana. A ocasião festiva propicia às pessoas a repetição de gestos e atitudes idênticos aos praticados por seus ancestrais ou por pessoas que as precederam na prática dos gestos rituais da festa. O local de sua realização toma-se uma espécie de santuário, espaço mítico, onde presente e passado fundem-se[84].

Diante dos textos que compõem a moldura teórica, poder-se-ia perguntar: qual a legitimidade do levantamento teórico que sempre irá apresentar lacunas? Mas, em contrapartida, pode-se perguntar também: de que outra maneira poder-se–ia formar o substrato da leitura sem essa tarefa perigosa? A "perigosa travessia" objetiva uma fundamentação teórica que de uma forma direta ou oblíqua busca alimentar as leituras subsequentes.

---
83   RIBEIRO, L. Mito e Poesia..., p. 61.
84   GUSDORF, G. Mito e Metafísica. Trad.: Hugo di Primio Paz. São Paulo: Convíivo, 1979, p. 86-95.

CANTARES DO RISÍVEL:
trovas e décimas

> *Nenhuma pátria pode existir sem poesia popular. A poesia não é senão o cristal; em que uma nacionalidade pode se espelhar; é a fonte que traz à superfície o que há de verdadeiramente original na alma do povo.*
>
> Texto anônimo[85]

A Pós-Modernidade, com sua visão plural, possibilita uma releitura da cultura popular, semelhante àquela ocorrida ao início da Idade Moderna na Europa[86], quando a cultura do povo, exótica aos olhos acadêmicos, torna-se objeto de interesse dos intelectuais da época. Pela ótica contemporânea, alguns textos escritos por pessoas do povo e marginalizados pelos padrões estéticos das elites têm agora a oportunidade de publicação e de estudo[87]. Em decorrência dessa nova postura, a produção dos poetas populares painelenses pode ser assumida no meio acadêmico como objeto de dissertação na área de Literatura.

A cultura popular, segundo Peter Burke[88], nasce e estrutura-se no seio do povo, refletindo seus pensamentos e anseios, sendo considerada como emblemática pelo grupo social[89]. Desse modo, as *Décimas* podem também ser enquadradas como patrimônio cultural da comunidade de Painel e avocadas "como emblemáticas", pois nas cidades vizinhas a pesquisa não localiza a permanência de produções

---

85 Texto de autoria de um intelectual anônimo finlandês, citado por Peter Burke em Cultura Popular na Idade Moderna, p. 40.
86 BURKE, Cultura popular..., p. 31-49.
87 BENJAMIN, W. A Obra de Arte na Era de sua Reprodutibilidade Técnica. Tradução de José Lino Grttnnewald. In: A Ideia do Cinema. Rio de Janeiro: Civilização Brasileira, 1969. p. 167 – 180.
88 Refere-se aqui ao texto Cultura Popular na Idade Moderna já abordado no capítulo teórico.
89 BURKE, Cultura Popular..., p. 58.

semelhantes[90]. Observa-se, igualmente, a preponderância da produção popular sobre a chamada produção de elite em Painel. Para ilustrar a afirmativa, registro o quase desconhecimento por parte dos moradores dessa cidade da poesia de Mário Vieira da Costa, escritor natural dessa localidade, cuja produção, jornalística e literária, pode ser considerada como integrante da cultura acadêmica[91]. A grande maioria da população afirma sua preferência pelos cantares das *Décimas* e das *Trovas*.

Peter Burke estabelece a diferença entre os dois tipos de cultura: a cultura popular ("enquanto cultura ou tradição do povo") e a cultura de elite (construída no universo acadêmico)[92]. No entanto, essa elite participa, também, da cultura do povo, ao considerá-la valiosa pelo caráter de diversão e pelo aspecto de documento social. Porém, a cultura produzida pela elite é, ainda, valorizada como canônica[93]. Em Painel encontra-se uma aproximação dessa dupla implicação, proposta por Burke, na cultura de elite. Destaca-se que a cultura popular não é vista apenas corno objeto de diversão, mas assume um caráter de valorização da tradição no resgate dos textos representativos desse "fazer artístico"[94].

É interessante destacar que esses cantares não se apresentam, na atualidade, como a principal produção cultural do povo dessa cidade, limitada hoje essa produção aos *Pisquinhos,* mesmo assim rara.

Um outro aspecto, salientado por Burke, diz respeito ao fato da produção popular apresentar diferenças de acordo com

---

90   A afirmativa não implica considerar essa produção artística como típica dessa região, registra-se apenas a permanência dessa tradição em Painel.
91   Mário Vieira da Costa – 1888 a 1964 – escritor e jornalista painelense.
92   BURKE, Cultura Popular..., p. 58
93   A palavra canônica está aqui restrita ao fato do texto ser publicado em antologias o que não acontece com a produção popular
94   Vale destacar, a título de exemplo, o procedimento da professora Maria Júlia de Liz e da técnica em enfermagem Roseli Cardoso ao guardarem as Décimas, Amontei no Meu Cavalo e a Décima do Tigre Pintado, como documentos representativos das manifestações da cultura popular da comunidade de Painel. E vale advertir, que a palavra elite aqui refere-se às circunstâncias de Painel.

o clima e a topografia da região na qual é produzida. A cultura das montanhas não se configura idêntica à cultura das planícies. Os usos e costumes dos altiplanos conservam-se durante mais tempo do que em outras regiões em consequência distanciamento geográfico, determinado pela altitude. Assim, o caminho difícil para chegar às montanhas ou sair delas colabora para acentuar o isolamento e, em decorrência, a manutenção de traços culturais arcaicos. Painel, pela localização serrana, pode ser inserida nesse contexto.

Uma outra característica da separação topográfica é o fato de, no passado, os serranos dessa região, da mesma maneira que os montanheses europeus do século XVIII, citados por Burke, terem sido em sua maioria foragidos da lei. Diante do quadro de isolamento, geográfico e cultural, depara-se em Painel com uma maior possibilidade de conservação das manifestações populares de cunho arcaico do que em outras regiões de Santa Catarina. Basta lembrar a força da tradição festeira, sagrada ou profana, na serra catarinense.

O duplo cantar

A arte popular dessa região apresenta, de acordo com a pesquisa efetuada, duas manifestações literárias em versos, ambas semelhantes em seu compromisso com o mundo do risível: *a Décima e a Trova*. Essas formas poéticas retratam com graça, comicidade e humor os usos e costumes da comunidade painelense. E como produções artísticas estão aliadas às festas populares, sagradas ou profanas, ainda que a última compareça com maior força.

Os estudos a respeito da *Décima* acusam a origem medieval com o significado de poema ou estrofe de dez versos de oito sílabas cada um. Nas literaturas de língua portuguesa, distinguem-se dois tipos de *Décimas: a* medieval e a clássica ou espinela[95]. A primeira, encontrada na lírica trovadoresca até o século XVI, é composta de duas quintilhas, segundo alguns autores uma falsa *Décima*[96]. Essa espécie é registrada tanto na lírica trovadoresca camoniana, quanto no Cancioneiro Geral de Garcia Resende. A segunda forma ou espinela, assim denominada em homenagem ao poeta espanhol Vicente Martinez Espinel, é constituída de uma quadra (abba) e uma sextilha (accddc) em versos heptassílabos[97]. Esta *Décima* encontra-se repetida nos cantares nordestinos[98], mineiros[99] e, com algumas alterações estruturais, nos cantares painelenses.

A Décima costuma ser recitada como a Loa[100] sempre em rodas de bebedores, nas folias[101] e nas festas profanas e religiosas. Hoje em dia, a tradição lírica popular da *Décima* permite incluir a estrutura de duas quintilhas ou de um quarteto e um sexteto, admitindo um número maior de versos e não observando a metrificação de oito silabas. Desta maneira, perde estrutura canônica, porém mantém a temática das festas profanas na tradição lírica de Painel. E a produção relaciona-se, cada vez mais, às festas particulares.

---

95 MOISES, M. Dicionário de termos Literários. São Paulo: CULTRIX, 1992. p. 137.
96 Antônio C. Martins afama que as duas quintilhas são independentes, daí o caráter de falsa Décima. In: MOISÉS, M. Dicionário de termos..., p. 137.
97 Cf., BATISTA, S. N. Poética Popular do Nordeste. Literatura Popular em Verso. Estudos Nova Série. Rio de Janeiro. Fundação Rui Barbosa, 1982, p. 22.
98 A Décima é muito usada pelos cantadores nordestinos, cuja tradição remonta ao século XVII e, também, encontrada em Gregório de Matos: Levou um livreiro a dente / de alface todo um canteiro, /e comeu, sendo livreiro, / desancadernadamente. Porém, eu digo que mente /a quem disso o que tachar, /antes é para notar/que trabalhou como um mauro, /pois meter folhas no couro / também é encadernar, apud. BATISTA, Poética Popular do Nordeste..., p. 22.
99 Cf; FRIEIRO, E. Poetas satíricos mineiros em KRTI'ERION, n. 61-62. Revista da Universidade Federal de Minas Gerais, p. 539-583.(cópia xerox sem outras identificações)
100 Entende-se por Loas os versos escritos em louvor a um Santo ou a uma pessoa, por ocasião de uma festa na qual come, em abundância, a bebida. Os versos são improvisados, na maioria das vezes, porém a autoria pode ser desconhecida. A Loa não é cantada e, ocorrendo em roda de amigos, o cantador é obrigado a dizer um verso engraçado após tomar uma bebida. ORTÊNCIO, B. Cartilha do Folclore Brasileiro. Goiânia: UCG, 1996. p. 28.
101 Folias, segundo Bariani Ortêncio, são grupos de pessoas "que percorrem as casas das fazendas ou dos bairros das cidades, angariando donativos para as festas: dinheiro para o custeio (despesas) e prendas (animais, mantimentos e objetos) para leilão, e a renda deste benefício reverterá para a Igreja, p. 73-74.

Na cultura popular dessa região, as *Trovas* costumam ser cantadas ou declamadas com acompanhamento musical ao contrário das *Décimas,* raramente cantadas[102]. É possível estabelecer uma ligação desses cantares com as *Trovas* galaico-portuguesas, quando trova e cantiga eram palavras sinônimas para designar o poema cantado[103]. Uma característica da *Trova,* que a aproxima dos jogos florais, é o caráter alegre, determinado pelas circunstâncias de surgir em ambiente festivo. Ela é produzida de improviso, algumas vezes, e outras vezes, com algum labor.

Considerando a origem portuguesa majoritária dos colonizadores de Painel, é possível pensar essas *Trovas* como enraizadas nas cantigas medievais lusitanas. Em outras palavras, há um provável liame entre essas duas manifestações da cultura popular.

Entretanto, a partir das pesquisas efetuadas comprovam-se que as *Trovas,* produzidas em Painel, são desafios feitos em "Batidas" e "Pixiruns", com ritmo e forma semelhantes aos das *Décimas,* quando o último verso é, quase sempre, aproveitado pelo oponente para iniciar a estrofe que revida o desafio.

A leitura das Trovas e das Décimas

A pesquisa conseguiu arrecadar um material reduzido, pois a oralidade desses textos dificulta sua conservação, Configuram-se como *corpus* dessa unidade as *Décimas: Amontei no meu cavalo, Décima do Tigre Pintado, Pássaro Triste* e Professores *do interior.*

Firmino Ribeiro de Liz e Mané Salame – o último, *autor da Décima do* Tigre Pintado – eram trovadores parceiros e juntos compuseram de improviso, entre muitas *Trovas,* os seguintes versos:

---

102 Firmino Ribeiro faz a seguinte distinção entre elas: "As Trovas eram sempre cantadas e as Décimas eram recitadas sem acompanhamento musical". Entrevista concedida em 21/01/00 em Lages – SC.
103 MOISÉS, A Literatura Portuguesa através dos textos. 23ª ed.. São Paulo: Cultrix, 1997. p. 15-31.

Mané Salame:

Meu irmão, meu companheiro
Eu e meu companheiro
Andava numa demanda
Nem ele venceu nem eu.

Firmino responde:

Estes peitos que aqui cantam
São peitos de dois irmãos
Neste mundo tem a glória
No outro a salvação[104].

Vale destacar uma outra particularidade desses desafios, pois, quanto maior o número de palmas recebidas pelo primeiro cantador, mais aprimorada será a resposta do outro. Esse caráter de improvisação e gracejo pode ser observado na Trova de Firmino Ribeiro, celebrada em novembro de 1999 para fazer graça com turma moça muito tímida de nome Maria, amiga de sua filha Luisa. Por ocasião de urra visita casa do trovador, essa moça motiva os seguintes versos, registrados um pouco mais tarde pelo autor:

A rosa para ser rosa
deve ser de Alexandria
e a mulher para ser mulher
deve se chamar Maria.

Não há nome de que eu goste
como o nome de Maria
quem te pôs tão lindo nome
Já meu segredo sabia.

Esse cantador de *Décimas* e *Trovas* afirma que, por volta de 1926, elas não eram apresentadas erre bailes de festas maiores, como as celebrações dos dias santificados e de casamentos, ruas em roda de amigos e em festas comuns[105].

Em seu depoimento, Maria Júlia de Liz[106] afiança que as *Décimas* e as *Trovas* eram produzidas em "Batidas", pequenos bailes de surpresa, realizados erra casas de sitio quando era servida a "galinhada" (arroz com galinha). Os motivos dessas festas variavam desde o reunir pessoas por simples diversão, até a reunião para comemorar aniversários. As

---

104   Esse texto foi. recitado por Firmino Ribeiro de Liz em entrevista concedida à pesquisadora, no dia 21 de janeiro, às 21 horas, na casa de seu filho, José de Liz, em Lages – SC.
105   Informação obtida na mesma entrevista identificada na nota anterior.
106   Maria Júlia de Liz é professora e antiga moradora de Painel. A entrevista realizou-se em sua casa, na tarde do dia 15 de janeiro de 2000.

Décimas eram também declamadas em finais de "Pixiruns", reuniões de familiares e amigos com o propósito de auxiliar no plantio ou na colheita[107]. Nos dias atuais, persiste ainda o costume de "bater de surpresa" na casa de um amigo no dia de seu aniversário e compreendê-lo, fazendo uma festa com música e dança, mas sem recitar Décima ou cantar *Trova*. De acordo com a informante, as *Décimas* integram o patrimônio da cultura popular painelense e os autores inspiram-se nas experiências da vida cotidiana, Além disso, as *Décimas* em Painel apresentam. um caráter diferenciado das *Décimas* de outras regiões do Brasil. Em ambas encontram-se, em linguagem prosaica, versos de gracejo, comicidade e humor bem enquadrados no gosto popular.

Nesse aspecto, as *Décimas* painelenses diferenciam-se das *Décimas* do Sapateiro Silva, expressas, geralmente, em uma linguagem paródica e satírica. Vale citar a paródia que o Sapateiro Silva fez *do texto Manilha de Dirceu,* de Tomás Antônio Gonzaga:

> *Se vós tendes de cambraia / Camisa fina e bordada, / Eu tenho a minha rendada / Que veio da Marembaia: / Se de cetins tendes saia, / Eu só tenho os calções meus, / Se com esses trastes teus / De mim toda te desunes, / Eu tenho os panos de Tunas Com que vou a São Mateus*[108].

Como manifestação de arte proveniente do povo, as *Décimas* em Painel não se aproximam com rigor do modelo da Décima Clássica, nem da Medieval no que se refere à exatidão do número de versos e do número de pés de *verso, pois tanto a Décima do Tigre Pintado,* quanto *Amontei no Meu Cavalo* são compostas de um número muito maior de versos, ainda que em sua maioria mantenham o cânone

---

[107] Bariani Ortêncio, no livro já citado, registra várias outras denominações (adjutório, mutirão, muxirão, putirão e traição) todas apresentando o mesmo teor: a surpresa e o processo de ajuda mútua, p. 151.

[108] SUSSEKINT3, F; VALENÇA. R. T. Poemas de Joaquim José da Silva. Rio de Janeiro: FCRB, 1983. p. 32.

dos versos de oito silabas. Em ambas as *Décimas,* quando se trata de sextilhas, a disposição das rimas assemelha-se àquela encontrada em *Martelo Solto*[109] e *Martelo de Seis Pés ou Galope*[110] dos cantadores nordestinos, cujas sextilhas rimam. nos 2.º, 4.º e 6.º versos. Exemplifica-se com o texto extraído do cancioneiro cearense, de autoria de José Maria Nascimento e Alberto Porfirio:

> *Quando eu tinha treze anos de idade/ ingressei na sagrada poesia / De viola afinada sobre o peito, / Trago ao povo mensagem e alegria / Sem o ritmo do verso popular, / Tão feliz neste mundo eu não seria*[111].

Observa-se que tanto os martelos quanto os galopes contam histórias, outra característica que os aproxima. das *Décimas* painelenses, A partir das leituras efetuadas no corpus da pesquisa, é verificada uma diferença na construção da Trova e da Décima. A primeira caracteriza-se pela concisão e pelo caráter aforístico na observância da forma tradicional; já a segunda, tanto na tradição corno no uso em Painel, apresenta sempre o caráter de narrativa.

Contudo, as *Décimas* produzidas em Painel ao contrário do Martelo não apresentam estrofes de dez versos nem versos decassílabos, confirmando a hipótese levantada por Orténcio Bariani com respeito às generalizações da métrica e da versificação, assumidas no Brasil por esse gônero[112]. Vale lembrar que o nome não combina mais com o número de versos. A rigor, corno será exposto mais adiante, *a Décima* painelense aproxima-se do "romance" ou da "xácara"[113].

---

109 O Martelo é um tipo de desafio dos cantadores nordestinos, cujo ritmo veloz do canto assemelha-se às batidas do martelo no prego. BATISTA, Poética popular..., p. 35.
110 BATISTA, Poética popular..., p. 39.
111 Ibid., p. 39.
112 ORTÊNCIO, Cartilha do folclore..., p. 28.
113 No folclore brasileiro, romance é um conjunto de poemas em versos, oriundo da Península Ibérica dos séculos X e XI. A narrativa desse romance gira em torno de feitos heroicos semelhantes à canção de gesta, podendo esses feitos serem protagonizados por animais. Alguns estudiosos do folclore diferenciam xácara de romance, pois no primeiro predomina a forma dramática e no segundo, a forma épica. ORTÊNCIO, Cartilha do folclore..., p. 36 e 37.

A DUPLA FACE DA CULTURA POPULAR DO MUNICÍPIO DE PAINEL (SC): os cantares do risível e a crônica do cotidiano

Encontram-se presentes, nessas *Décimas, o* gracejo, a comicidade e o humor. Elas narram, em versos, histórias nas quais as peripécias cômicas do narrador despertam, no ouvinte ou no leitor, a simpatia pelo infortúnio das personagens ingênuas corno se processa após a leitura *da Décima Amontei no Meu Cavalo.*

Amontei no meu cavalo,
Andando noite e dia,
Avistei uma fazenda
No alto da serraria.

De trás eu vinha guiado
Que o fazendeiro tinha sete filhas,
Duas chamada Cacota,
duas chamada Lili
E duas chamada Chiquinha
E uma chamada Maria

Cheguei no tenreiro do homem
Sem pensar o que queria,
Pois queria chegar nos pontos
Em coisa que não podia
Entrei no salão do homem
Era tarde, eu dei bom dia.

Patrão sabe porque chego
Aos pés de vossa senhoria?
Porque desejo casar
Com uma de suas filhas.

O homem virou pra mim
Com cara de zombaria,
Te acho pouca figura
Pra tratar de uma família

Patrão tenha dó de mim,
Nem de mim queira zombar,
Falo em casamento
Porque posso me casar
Mas lá já vieram as moças
Uma dizendo que não,
Outras que não queria.

Mas atrás já veio a velha
Um pouco intimidada
Com um bom cassete na mão
Querendo dar cacetada.

Minhas filhas estão solteiras,
Mas não desenganada,
Pra casar com vagabundo
Que andam pelas estradas.

Com aquelas palavras
que eu ouvi,
Não quis saber de mais nada,
Subi pelas portas
e desci pelas escadas.

Cheguei no Terreiro do homem,
o portão estava fechado.
patrão saiu na janela
gritou a cachorrada.

Quando vi roncar os bichos,
Não quis saber de mais nada,
Dei um pulo no portão
Que soltei do outro lado.

Valei-me Nossa Senhora
Que sorte desgraçada,
Pouco com Deus é muito,
Muito com Deus é nada.

A cor que os cachorros
tinham reparei,
um branco, dois pintado
de preto
um vermelho claro
dois vermelho fechado
e um malhado.

Tomei montar no cavalo
Andando noite e dia
Somente em minha
frente eu avistava
Quando os relâmpagos
se abriam.

Por causa de sete moça
Atravessei sete rio,
Andei sete noite no mato,
Atravessei o mar
sem navio.

Ocorre, no ouvinte ou no leitor, após ouvir ou ler esses versos, o sentimento de compreensão pela fragilidade humana, motivando o riso complacente do humor, resultante do relato de um pedido de casamento malogrado. Esse riso *é* produzido tanto pelas peripécias do *Dom Juan* às avessas, incapaz de conseguir uma noiva em uma casa de sete moças "encalhadas", quanto pela comicidade das peripécias dos sete pedidos de casamento e das tropelias da fuga.

A *Décima* transcrita apresenta estrofes irregulares compostas por um terceto em versos brancos; doze quadras, sendo oito em rimas intercaladas apenas nos 2.º e 4.º versos (abcb); quatro quadras em versos brancos; duas quintilhas, a primeira – *De trás eu vinha guiado* – em versos brancos e a segunda – *A cor que os cachorros tinha reparei* – com rimas emparelhadas nos versos 4.º e 5.º; e uma sextilha – *Cheguei no terreiro do homem* – com rimas intercaladas nos 2.º, 4.º e 6.º versos e interpoladas no 1.º e no 5.º versos.

Nessa *Décima*, o mundo "às avessas" começa pela duplicação dos nomes das moças – *duas Cacota, duas chamada Lili e duas chamada Chiquinha* – pois ninguém coloca o mesmo nome em duas filhas nem triplica esse procedimento. Essa inversão – o estar de cabeça para baixo – ocorre também com os papéis desempenhados pelos pais das moças: a mãe ameaçando de espancamento *com um cacete* o pretendente a genro e o pai soltando os cachorros atrás dele. Um outro detalhe diz respeito ao absurdo expresso no fato de alguém preste a ser mordido por cães ferozes atentar para a cor e o número deles: *um branco, dois pintado de preto, / um vermelho claro / dois vermelho fechado / e um malhado.*

Outra vertente do risível nessa gesta "invertida" é evidenciada pelo uso excessivo das hipérboles, na mesma linha do exagero barroco : o andar *noites e dias,* o atravessar *sete rio, o* andar *sete noite no mato e,* finalmente, o atravessar o *mar sem navio.* Percebe-se ainda, como característica da comicidade textual, o fato do pretendente chegar *sem pensar no que queria,* desejar *casar com uma* das sete filhas do fazendeiro e partir escorraçado, dando *um pulo no portão e* saltando *do outro lado.* Risível é também a repetição de desejos e obstáculos, expressos na frequência do número sete: sete moças, sete cachorros, sete rios e sete noites. Esse número é considerado um dos elementos de maior força na numerologia clássica e na tradição popular, e estigmatizado como típico das histórias de mentiroso.

Observa-se que esses versos, pela ingenuidade de seu narrar, estabelecem um sentimento de *empatia* do leitor com o narrador e suas desventuras, capaz de produzir o riso de simpatia do humor, diferenciado da zombaria. Idêntica simpatia tem-se com as proezas de João Grilo. Também, as múltiplas peripécias que caracterizam essa *Décima* assemelham-se às aventuras de João Grilo tanto no texto popular de *As Proezas de João Grilo,* quanto na peça *o Auto da Compadecida* de Ariano Suassuna. Os dois últimos textos relatam as diabruras de um personagem lendário da literatura popular nordestina[114]. Assim, as "proezas" de *João Grilo* lembram as aventuras do noivo frustrado da *Décima Amontei no Meu Cavalo,* os textos apresentam elementos do cômico na narração da história. Pode-se estabelecer uma outra comparação entre eles, visto que todos instauram um mundo ás avessas. *João Grilo* é um não herói, com ele tudo ocorre ao contrário desde seu nascimento antecipado até sua morte adiada. E nenhuma criança chora ou fala quando está no ventre da mãe; nem tantas desgraças ocorrem em uma noite como as acontecidas na noite em que João Grilo nasceu: *um eclipse na lua e detonou um grande vulcão I que ainda hoje continua. l Naquela noite correu um lobisomem na rua*[115].

O noivo malogrado da *Décima Amontei no Meu Cavalo* sofre as consequências de um pedido de casamento rejeitado e o "mundo ás avessas" manifesta-se pela inversão de papéis das personagens e pelo exagero nos fatos narrados. Tanto as diabruras de *João Grilo,* como as peripécias do *noivo* lembram,

---

[114] Vários estudos críticos já apontaram a semelhança de João Grilo com o Arlequim da Commedia dell'arte, ainda que João Grilo seja uma figura típica do folclore nordestino.
[115] Autores de Cordel / seleção de textos e estudo crítico por Marlyse Meyer. São Paulo: Abril Educação, 1980, p. 84.

também, as aventuras de Pedro Malazarte[116] pelo exagero das proezas narradas e pela esperteza de seus "heróis": *João Grilo* por nunca ser apanhado, apesar das artes praticadas, e o noivo por conseguir escapar dos perseguidores. Observa-se que os personagens apresentam mais um ponto em comum, *o João Grilo* e o *noivo* na hora das dificuldades apelam sempre para a ajuda de Nossa Senhora – *Valha-me Nossa Senhora / que sorte desgraçada* – lembrando um pouco da malandragem da maioria dos "devotos" brasileiros que, nas horas difíceis, pedem auxílio aos Santos de quem são devotos para logo os esquecerem. O noivo frustrado complementa essa invocação com um ditado popular[117]": *pouco com Deus é muito / muito sem Deus é nada.*

Já a Décima do *Tigre Pintado* configura uma narrativa feita, primeiro, pelo próprio personagem, *o tigre, que* rememora sua vida e as peripécias da caçada promovida pelos proprietários rurais, irados pelo hábito do animal de comer o gado. Constata-se que a narração é elaborada por narradores diversos: o tigre, o narrador propriamente dito e o caçador.

Vou contar da minha vida,
Desde do meu nascimento,
Quando eu tinha quatro mezes,
Eu tinha grande talento
Caçava por minha conta
Por ser tigre de aguento.

No lugar onde eu nasci,
Foi lá nos Campas dos Padres
O que eu digo é muito certo
Eu falo com lealdade,

Quando eu tinha oito meses
Era muito presumido
Quando eu interei ano
Muitas vezes fui batido
Sou tigre da unha grande
Trago cachorro ferido.

Me pulavam os caçadores
Fazendo tanta larida
Eu corria a mato fora
Pensando na minha vida

No rincão da égua baia
Eu gostava de parar,
Vinha até o rincão da chita
Somente para caçar
Lá linha Terneiro gordo
Que eu gostava de pegar.

Era uma tarde chuvosa
Quando eu me retirei
No campestre do taurino
Nesse dia eu passei

---

116 Na cultura popular do Nordeste brasileiro, constata-se a existência de um ciclo de anti-herói popular com a figura axial é Pedro Malasartes, cuja carreira de "malas artes" inicia-se na Península Ibérica e estiliza-se na figurado Jeca Tatu, criado por Monteiro Lobato: "o caipira, o sertanejo apático e ignorante, obtusamente e matreiramente astuto, que consegue sair vitorioso, apesar de tudo, sobre competidores aparentemente invencíveis em vigor e capacidade física". PELOSO. S. O canto e a memória. História e utopia no imaginário popular. Tradução de Sorria Netto Salomão. São Paulo: Ática. 1996. p. 149 – 150.
117 Identifica-se o ditado popular como a expressão concisa de caráter filosófico ou humorístico de cunho popular, proveniente, na maioria das vezes, das formas eruditas como o adágio, o provérbio, o anexim, o aforismo, a máxima, o rifão ou a sentença.

A DUPLA FACE DA CULTURA POPULAR DO MUNICÍPIO DE PAINEL (SC):
os cantares do risível e a crônica do cotidiano

E uma vida tranquila
A vida da mocidade

Eu dava urros nestes matos
Que apropria terra tremia
Urrava em Guarampará,
Que lá no bispo se ouvia.
Os caçadores eram tantos
Que logo me perseguiam.

Vim até Urubicy
Por esse lugar eu andei,
Fui até a boa vista
Por lá tudo eu cacei,
Tinha uma tropa de mula
Uma parelha peguei

Quando o dono achou falta
Ficou muito pensativo,
Vamos matar o pintado
Que está me dando prejuízo,
Ele saiu mato fora
Muita quente do juízo.

Neste dia me pularam
Uma grande cachorrada,
Largaram lá no sertão
Que foi aquela tuada
Sou tigre do berro grosso
Isso para mim não é nada.

Lá no geito do carapinho
Tive unta grande peleia
Eu matei muitos cachorros
E deixei outras sem orelhas
E só o pezar que finto
Si eu morro na Terra alheia.

Desta veiz fui feliz
Da briga fui vitoriozo,
Eles não podem comigo
Porque sou tigre teimam.
Dei um murro na saída
E fiz um retiro saudoso.

Chegou um cachorro baio
Junto com um preto lanudo
Dei um tapa no ouvido

O cão que me alcançava
Estava de vida perdida.

Desta veiz eu me escapei
Fui para o Guarampará,
Foi todo o tempo perdido
Não puderam me pegar.
Sou tigre de presunção
Em qualquer lugar que andar

Eu todos os dias matava
Somente por malvadezas
Me escondia atraz dos paus,
Pegava só de surpresa
Um dia pulei num touro
E encontrei muita distreza

No campestre do moquem
Tive grande presunção
Pensava na minha vida,
Quasi morto de paixão,
Que é triste viver auzente
No meio do sertão.

Mas vou disfarçar as magoas
D'esta vida tão tirana
Passei por perto de casas,
E fui la para a africana,
Que eu Ia tinha um guardado
Dentro de uma choupana.

Eu sai la do maquem
Para ir la para lageado
Pequei um boi de João Candido
Isto foi pr'a rivirado,
Estava com dor de estomago
Ainda não tinha almoçado.

Eu nesse dia falhiei
Por ser caboclo fachudo,
O terneiro era grande
Eu não pude comer tudo
No outro dia bem cedo
Eu marchei p'ra o morro agudo.

O dono desse terneiro
Quando soube embrabeceu
Ficou muito apaixonado

Vi um rastro na estrada
Mais nunca me importei.

Eu sai do Corvo Branco
Para vir cá p'a Canoas
Eu matei quatro leitão
E também uma macaca
Eu sou caboclo finorio
Eu gosto de carne boa.

Andava me perseguindo
Um homem de barba pouca
Eu andava negaceando
Para passar na minha boca
Si eu pegace esse sujeito
Fazia poucas e boas.

Era um tal José Florencio
Que queria me pegar
Eu já perdi quatro dias
Sómente pra negociar
Na ponta de uma serra
Uma espingarda foi armar.

Anda gente me perseguindo
Tudo de armas na mão
Estava bem escondido
Dentro de uni grotão.
Elles não podem me acharem
Só divido as paredão

Eu tinha um carreiro certo,
Isto sobre um espigão
Era sempre onde eu passava
Foi a minha perdição,
Tudo deve ter cautela
Da maldita traição.

Regulando meia noite
Já pertencendo p'ra o dia,
Vinha de marcha batida
Quando pitei na armadia
Dei uni pulo tão de preça
Fui saltar lá nos gatilhos.

Ainda no pulo que dei
Fiz um alvo de bravura
Para ver quem ofendeu

Que logo ficaram surdos
Eu peguei o preto grande
E engoli com tripa e tudo

Todos os lugares que andei
Eu já sou muito intrigado
Caminho noites e dias,
Porém muito acautelado
Não quero facilitar
Porém, o dono do gado.

Distancia de trinta léguas,
Esses lagares eram meu,
Muitos animaes e gado
Nas minhas unhas morria
E vão só observando
O que foi que sucedeu.

Desta vez eu me escapei
E fui de marcha batida
Fui para o campo dos padres
Para salvar minha vida
Que já ando aborrecido
Só de ver essas latidas.

Caminhei de morro acima,
Regula setenta braças,
Já perdi as minhas forças
Dos olhos me saem fumaças,
Já perdi a esperança,
Tigre velho mais não caça.

Eu queria ter um gosto
Mais não pude suster
Se há de morrer quem da gosto
Morra quem gosto não dá,
Se eu me largo no tembé
Ninguém podia me achar.

Adeus adorada flor
No lagar onde eu naci
Já perdi as minhas forças
Para diante não posso ir,
Será a última palavra
Fechei os olhos e morri.

Entrou José Florencio
Como melhor caçador

Dois dias que não comeu
A mãe por muito lidar
Um cafézinho elle bebeu.

Em ponto de meio dia,
Lá num capão eu cheguei
Distância de duas léguas
Um morro grande incherguei
Eu comi uni leitãozinho
Logo p'ra lá toquei.

Eu cheguei nesse lagar
Eu lá não pude parar,
Eu fui direito a Farofa
Lá no morro de Cará
Ali tive quatro dias
E como fui discansar

Andava uns caçadores,
Naquele grande espigão,
Eu vou tocar minha mancha
Pro lado do solidão
E engano deles mesmos
Não podem pegarem me, não.

Esse e que foi mais bonito
Voou um passarinho
De susto deu um grito
Mas que homem de coragem,
Que se assusta de mosquito.

Si eles iam passando
Na beira de um tostão
Vamos receber o dinheiro
Da mão dos cidadãos,
Fiquei com muita vergonha
Pinchei as armas no chão.

Amigos meus companheiros
Entendo que vou dizer
Leia bem o último verso
Que vóz há de comprehender,
Isto é caso muito serio
Intendo la vassunces.

Si eu fosse caçador
Andava pelo sertão,

Ainda estava a procura
Eu não pude enchergar nada
Por a noite estar escura.

Se eu soubesse desse tiro
Aqui eu não tinha passado
Concerteza era meus anos
Que já tinham completado
Me queixo do José Florêncio
E do Lamão que fez armada.

Da vez que tomei o tiro
Foi muito triste se ver,
Escrevi a meia noite
Na casca de um juveve
Eu deixei tudo notado
Somente p'ro povo ver.

Voltei no mesmo carreiro
Pingando sangue no chão
Vou perder a minha vida
Não tenho mais salvação
Pelos pecados que fiz
Só vou pedir perdão.

E já muito desconfiado
Meu filho tenha cautela
Porque esse tigre é malvado
Já matou vinte cachorros
Onde matou um coitado

Quando achou que estava morto,
Ficou na obrigação,
Eu tinha muita coragem
Hoje não tenho nado,
Tinha lá no Rio da Prata,
Duzentos patacão

Ele montou a cavalo
E foi buscar uma Lamão
Ele caminhou dois dias.
Morena no barracão
Para incinera armadia
P'ra matar esse ladrão.

Católico andava no mato

A DUPLA FACE DA CULTURA POPULAR DO MUNICÍPIO DE PAINEL (SC): os cantares do risível e a crônica do cotidiano

Vamos matar o pintado
Sei onde é que é morador
Já fazia oito meies
Que nesse lagar passou

Esmeroce esse coitado
Como caboclo guerreiro
Caminhava noite e dia
P 'ra ganhar o seu dinheiro
Ele não tinha preguiça,
De ir lá sempre no carreiro.

Elle junto com o filho,
Estavam perto do fogão
Foi Quando o tiro saio,
Na ponta do espigão
Se já não pode dormir
Já está morto o ladrão
Saíram com os cachorros,
Isto no danar o dia
Vamos ver o que aconteceu
Lá na nossa armadia
Elle disse a sua mulher
Vou com a maió alegria

Ele ali aprontou-se
Caminhou para o sertão,
Com seus cachorros na corda,
E' suas armas na mão
Este maldito ladrão

Matando firas do mato
Onde tem tigres e leão,
Si eu matasse o pintado
Seria um dos pimpão

Convidou seus companheiros
Saíram com um cão na corrente
Vamos matar o pintado
Que anda de couro quente
Foram verificar o rasto
Era rasto de gente

Mais um caso como esse
Nunca me sucedeu
Isto foi de tanto medo
Que o rasto disconheceu
Respondeu outro de lá,

Mais que isso faço eu
O coitada do Católico
Ficou com muita paixão
Convidaste os companheiros,
De facão e pistolão,
Seguiram para o campeste
Onde ia dois Irmãos.
Vamos, vamos companheiros
O tigre velho matar
Tinha alguns dos companheiros
Já pegando dizacorsuar
Combinando com os amigos
E já querendo voltar.

Porém muito acautelado
Viu um rastro na picada
Já ficou muito assustado
Chegou em casa e contou
Eu vi o rastro do pintado.

O que eu digo é muito certo
E vou lhe falar a verdade,
Em dizoito de Outubro
Eu fui nos campo dos padres
Eu tinha um negócio lá,
E era um gado arredado.

Foi nos campos dos padres
Que si deu essa história,
Andei em todos os campeste
Eu agora vou embora
Que tirei setenta versos
Que cançou a memória.
Quem tirou esse romance
Ficou de ideia cansada,
Trabalhou uns quatro dias
P'ra dar ela decorada,
Divina de ganhar
A cabeça do pintado.

O texto configura-se como uma prosopopeia em que *o não sério* revela-se no exagero cômico do tigre ao relatar suas façanhas, pois dificilmente um animal escaparia de tantas armadilhas e perseguições, nem sairia ileso de tantos ataques caninos. De outro lado, afirmam-se no tigre as características humanas de gula e gabolice; pois o homem é um animal capaz de um apetite insaciável – dificilmente satisfeito – e, também, de exaltar a si próprio. O exagero da narrativa aqui se aproxima do burlesco, pois um tigre "real" não seria capaz de *urrar* tão alto, fazendo-se ouvir do outro lado da região; nem mataria por malvadeza visto que os animais matam geralmente para suprir suas necessidades de alimentação e defesa. *O Tigre Pintado* aproxima-se, por suas aventuras, de uma figura que transcende do real para o mágico. Quando o tigre cala-se na trigésima nona estrofe, surge a voz do narrador *Entrou José Florencio / Como melhor caçador* e na sequência a voz do caçador *Vamos matar o pintado / Sei onde é que é morador.* Nessa segunda parte, ouve-se de novo a voz do narrador, alternada com as vozes dos caçadores, que continuam a procurar o tigre por acreditarem que ele permanece vivo[118].

A Décima do Tigre Pintado apresenta alguns elementos narrativos semelhantes à estrutura da fábula. Primeiro, a narrativa configurada na fala de um animal a quem são atribuídas a astúcia e a gabolice, emblemas humanos ausentes no comportamento dos animais. Outro elemento estrutural, encontrado nesta *Décima,* configura-se na construção dos últimos versos semelhantes ao discurso moralizante que encerra as fábulas: *Quem tirou esse romance / Ficou de ideia cansada, / Trabalhou uns quatro dias / P'ra dar ela decorada, / Diviria de ganhar /A cabeça do pintado.* Contudo, ao contrário da fábula que prima pela concisão, *a Décima do Tigre Pintado* aproxima-se do "romance" por sua extensão e seu caráter narrativo; da canção de gesta, pela circunstância de narrar um "gesto" ou uma façanha; e da chácara, pelo fato de alternar a voz do narrador com a fala da personagem, imprimindo-lhe uma estrutura dramática.

Entre as *Décimas,* coletadas para a presente pesquisa, constatou-se a presença de histórias sobre animais. Segundo E. M. Meletinski, e Os *Arquétipos Literários,* essas narrativas expressam uma parte significativa do *acervo* do conto popular, representando a oposição entre o herói e o anti-herói, que, via de regra, se esconde na oposição da conduta social e da conduta não-social. Pela leitura dessa *Décima,* o riso pode surgir na identificação do leitor ou do ouvinte com o animal, graças à astúcia e capacidade de sobrevivência, passando, em

---

118 Registra-se aqui a possibilidade de leitura dessa busca, como uma dimensão mítica da busca humana.

consequência, a desejar o fracasso dos caçadores e a vitória do animal. Aqui o riso instaura-se em virtude da inversão dos papéis já consagrados ou na expressão de Eco, "a violação da regra por parte de uma personagem tão diferente de nós"[119].

Nessa *Décima,* encontra-se ainda um outro elemento do risível, sua historicidade. A comprovação faz-se pela dificuldade encontrada pelo leitor atual em achar graça nos versos ingênuos, escritos em 1916. No entanto, após a releitura do texto, observa-se que o riso causado pela comicidade da narrativa, repousa talvez no fato do tigre ser um irracional mais astuto do que seus caçadores, tornando-se uma presa difícil, cobiçada e de caráter quase mítico.

Além dos textos escritos por Mané Salame e Firmino Ribeiro, foram encontradas outras *Décimas – Os Professores do Interior e Pássaro Triste –* ambas de autoria de Antônio Horalcídio Andrade Schilischting (Tio Hora)[120] De configuração um pouco diversa das *Décimas* anteriores de conotação cômica e humorística, as *Décimas* de *Tio Hora* apresentam um leve toque de ironia, ao descrever "o que deveria ser, fingindo crer o que é"[121]. Registra-se, aqui, tema outra forma da inversão do padrão social.

A primeira das *Décimas* de Tio Hora tematiza as agruras dos professores que lecionam no município de Painel.

Peguei na minha caneta
Pra falar do professor
Por eles tenho respeito
Muito carinho e amor
Não aumento seu salário
Pois não sou governador.

Quero que esta carta chegue
Ao prefeito e vereador

Os professores do interior
Não deixam de ser atletas
Fazem Quilómetros a pé
E outros de bicicleta
Lutam tanto e recebem
Um salário de pateta.

Tem umas que eu conheço
Fazem dez léguas a pé

Tem umas que são gaúcha
Fazem o trajeto a cavalo
Subindo e descendo serras
Pulando cercas e valos
Mas sempre com alegria
Vão levando no embalo.

Mas eles ganham tão pouco
Que nem dá pra ir nas venda

---

119 ECO, O cômica e a regra..., p. 344.
120 Antônio Horalcidio Schilisting nasceu em Casa de Pedra em 1963. Possui educação elementar e reside hoje em Bocaína do Sul, onde é produtor rural.
121 Essa definição de Bergson, que distingue a ironia e o humor, foi sintetizada por Afrânio Peixoto no texto Humor: Ensaio de Breviário Nacional do Humorismo. São Paulo: Editora Nacional. 28 edição, 1936. p. 11.

E que eles deem uma olhada	Pra pegar o cata jeca	Se a coisa não melhorar
Nos salários defasados	Seja lá o que Deus quiser	A pobreza Deus defenda
Se alguma coisa for feita	Na reunião chegam atrasado	E o professor vai lograr
Desde já muito obrigado	E ficam sem café.	Os alunos na merenda.

A vida da professora	Todo mês mais de uma reunião	Quero que esta carta chegue
Só eu sei como é ruim	Enfrentam só na coragem	Ao prefeito e vereador
Eu sou casado com uma	Tem que contar o dinheirinho	E que eles deem uma olhada
E o povo ri de mim	Pra fazer mais uma viagem	Nos salários defasados
Diz que eu tenho vida boa	O salário que eles ganham	Se alguma coisa for feito
E me chamam de chupim.	Gastam tudo de passagem	Desde já muito obrigado

Mas isso não é verdade	E quando fazem reunião	O que seria do País
Por sorte eu não sou vadio	Elas vão com alegria	Se não fosse a educação
Se fosse depende dela	Veste a roupa que tem	E o nosso professor
Passava fome e frio	Estando chovendo ou fria	E o espelho da Nação
Os chupins de nossa terra	Tem umas que sai de casa	E o futuro do Brasil
Andam de papo vazio.	Antes de clarear o dia.	Passa por sua mão

A Décima – Os Professores do Interior[122] – revela o "mundo às avessas", pelo viés do humor, fruto das circunstâncias de vivência difícil dos professores em seu trabalho, pois o correto seria uma remuneração condizente com as responsabilidades da profissão e não o enfrentar de tantas dificuldades no desempenho das funções de magistério. Essas dificuldades obrigam os professores a serem *atleta(s)* em várias modalidades esportivas: *quilômetros a pé, de bicicleta ou a cavalo.* E, obrigam, também, esses profissionais ao exercício de atividades múltiplas, além do ensino, na participação de várias e *exaustivas reuniões.* O narrador declara conhecer *a vida da professora* pois é *casado com uma* e se fosse *depender dela / passava fome e frio.*

Assume com humor o apelido que o povo lhe dá de *chupin,* concluindo que *Os chupins de nossa terra / Andam de papo vazio.*

O ridículo da situação está reforçado na comparação metafórica implícita nos dois últimos versos da segunda sextilha: *Lutam tanto e recebem / Um salário de pateta.*

---

[122] Texto fornecido pelo autor em entrevista com a pesquisadora, no dia 15 de março do ano 2000, em Lages. Quanto à estrutura, o texto é formado por onze sextilhas, compostas por versos, em sua maioria, heptassílabos, apresentando rimas intercaladas nos 2', 4' e 6' versos.

Já o texto *Pássaro Triste* é uma *Décima* sob forma de prosopopeia registra a participação da gralha azul como porta-voz de denúncia política sobre a devastação da mata nativa, ocorrida na região.

Eu fui no mato, fazer uma sapecada.
Me encontrei, com uma gralha chumbiada.
Ela falou estou muito machucada.
Em suas mãos, posso morrer descansada.

Nesse país me dediquei a vida inteira
Aqui no sul fui a maior plantadeira
Plantei pinheiro e o homem fez madeira
Cortando os troncos e dos galhos fez fogueira.

Tudo acabou-ou-ou, tudo acabou-ou-ou
Meus descendentes, estão vindo atrás de semente.
Eu estava aqui guardando meu alimento
Desse pinhal plantei cinquenta por cento

Tudo acabou-ou-ou, tudo acabou-ou-ou
Meus descendentes, estão vindo atrás de semente.
Grandes empresas só pensam em desmatamento.
Corta araucária pra fazer florestamento.

Um caçador tão cruel e violento
Uma chumbeira me trouxe de pagamento.
Tudo acabou-ou-ou, tudo acabou-ou-ou
Meus descendentes, estão vindo atrás de semente

Falta pinhão que é o nosso alimento.
Estou morrendo mas mesmo assim eu lamento
Tudo acabou-ou-ou, tudo acabou-ou-ou
Meus descendentes, estão vindo atrás de semente

O poema retrata o desrespeito e o descaso pela natureza na figura do caçador que mata os animais por diversão e na figura do empresário que derruba a araucária para transformá-la em madeira ou para substituí-la pelo pinheiro americano de fácil produção e comercialização. Aqui o texto é envolvido por um teor maior de moralidade e de caráter exemplar.

Com respeito ao aspecto estrutural, o texto configura-se em quatro estrofes[123]. O estribilho é formado por dois versos que se repetem entre uma quadra e outra. Segundo informação do Autor, foi composta para esse texto uma partitura musical e a *Décima* passa a ser a letra da canção[124].

Observam-se semelhanças entre essa *Décima*, a *Lenda das Araucárias* e a *Lenda da Gralha Azul*[125]. Os três textos apresentam o binômio pinheiro/pássaro, que serve de emblema

---

123 As quadras são formadas de versos, em sua maioria, hendecassílabos e com rimas parelhas em todos os versos.
124 Texto fornecido pelo autor – Horacídio Shilisting (Tio Hora) – na mesma entrevista.
125 FACIP, Curso de Ciências Sociais, Lendas e mitos de Lages, 1974. (texto elaborado pelos acadêmicos do Curso de Ciências Sociais).

da solidariedade comum aos dois elementos. Segundo *a Lenda das Araucárias*[126], a índia Guacira é transformada na gralha azul depois de esquecer o caminho que a levaria ao local, onde tinha escondido Curiaçu, seu salvador. Esse pássaro, do mesmo modo que Guacira, esquece o lugar no qual enterra os pinhões encontrados. A busca amorosa de Guacira permanece na busca pela sobrevivência da gralha azul que finda por contribuir para a preservação dos pinhais. Essa mesma ideia de manutenção do meio ambiente está também presente na lenda da *Gralha Azul*. Já na *Décima* painelense *Pássaro Triste*, a gralha denuncia a devastação da mata, a descaracterização da paisagem e o desequilíbrio ecológico. No entanto, apesar de dizer que *tudo acabou*, ela deixa uma esperança no leitor: *meus descendentes, estão vindo atrás de semente*. Essa semente representa, ao mesmo tempo, a expectativa na continuidade do pinheiral e a fé de maior conscientização das gerações futuras. Eis aqui uma evidência da forte marca social, assumida pelos textos populares de exemplaridade[127].

Outra constatação diz respeito à semelhança entre *as Décimas* painelenses que contam histórias em versos e as narrativas de cordel, encontradas no nordeste brasileiro. O fato leva a pensar em qual seria o motivo de regiões geograficamente distantes apresentarem uma literatura popular tão parecida? É possível que a resposta esteja nas origens étnicas, pois tanto o interior do Nordeste quanto o Planalto Serrano Catarinense foram colonizados por portugueses que trouxeram em sua cultura a tradição de contar histórias como as encontradas no *Romanceiro Popular Açoriano*[128].

O romance é muito praticado na Literatura Portuguesa, em particular no estilo barroco, porém com uma diferença

---

126 GUEDES, H. Curiaçu e a Gralha Azul. As lendas das araucárias. Curitiba: Coleção Lendas Paranaenses, 1997.
127 DARNTON, R. O grande massacre dos gatos e outros episódios da história cultural francesa. Tradução de Sonia Coutinho, 2' ed. Rio de Janeiro: Graal, 1986. p. 67, 68.
128 A chácara do cego conta, era trinta e dois versos decassílabos com rimas emparelhadas, a história de uma moça enganada por um homem esperto com o consentimento da mãe da moça.

assinalável, pois nesses romances prepondera o teor satírico, como em *A umas Beatas (romance satírico burlesco)*, escrito por Jerônimo Baia para advertir às donas de casa (Beatíficas Senhoras) contra as Beatas Visitadoras: *Beatíficas Senhoras/ Em cujas venturosas casas/ Como em adegas mosquitos, / Andam bandos de Beatas*[129].

De acordo com Marlyse Meyer[130], *os Romances* trazidos pelos portugueses encontram terreno fértil em algumas regiões do Brasil, como no nordeste brasileiro e em Painel, pelas semelhanças na organização social e econômica apresentadas por essas regiões. Em ambas, quanto em outras localidades, a pecuária e a agricultura constituem-se em fonte de renda principal. O convívio diário com a terra e os animais facilita a criação e a transmissão de histórias de bichos falantes. De outro lado, a região nordestina e a região serrana de Painel apresentam outras semelhanças: de organização patriarcal e identidade de revoltas, implicando manifestações messiânicas: em *Canudos*[131] no Nordeste e A *Guerra do Contestado no* sertão catarinense, cujo líder desse último movimento – o monge João Maria – esteve em Painel e fez algumas profecias sobre a sociedade painelense[132]; no aparecimento de cangaceiros no Nordeste e de foragidos da justiça em *Painel;* e na analogia entre o desequilíbrio social provocado pela seca nordestina e o isolamento da serra e do planalto lageanos, motivado pela condição geográfica e climática. Todas essas circunstâncias podem justificar, em ambas as regiões, o surgimento de poetas populares inspirados nos acontecimentos de seu dia a dia.

O "romance popular" não se identifica, em sua totalidade, com o romance, narrativa ficcional da literatura maior. É

---

129   Os dados informativos foram colhidos no ensaio de Ana Hatherley, da Universidade de Lisboa, publicado em: Estudos Universitários da Língua e Literatura (número em homenagem ao professor Leodegário A. de Azevedo Filho, Rio de Janeiro: Tempo Brasileiro, 1993, p. 459-471.
130   MEYER, M. Autores de Cordel. São Paulo: Literatura Comentada, 1980, p. 6, 7, 8.
131   Ibid.,. p. 7, 8.
132   Entre as lendas que correm em Painel, consta que o teor da praga do monge versava sobre a destinação da localidade de "crescer como rabo de cavalo".

uma narrativa composta em versos, cuja origem remonta ao século X e XI na península Ibérica e trazida pela tradição oral para o continente americano pelos colonizadores europeus. Distanciado da região de origem, o romance sofre alterações estruturais, sendo "refundido e recriado" em sua composição silábica e rítmica. De maneira geral, nos romances ou nas *Décimas* painelenses, predomina a forma épica, da mesma maneira que nas canções de gesta, ao mostrarem os feitos guerreiros e, mais tarde, as grandes aventuras. No Brasil, os romances não são mais cantados, mas continuam a tematizar os fatos "heroicos" ou as peripécias de homens e animais, limitando-se a serem recitados[133]. Outra característica possível de ser encontrada é a forma dramática que alguns estudiosos apresentam para diferenciar os romances das chácaras.

Os estudiosos da cultura popular assinalam a decadência da produção trovadoresca e dos jogos florais, por razões "internas" e circunstâncias contextuais. Cada vez mais essa produção de cunho popular tende a "encolher-se", e a passar para um plano secundário até o esquecimento completo.

Na unidade seguinte, a leveza e a alegria dos cantares do humor cedem lugar à retórica cáustica das cantigas satíricas. E o riso que cicatriza as desilusões é substituído pelo riso que arma-se contra o erro e o ridículo dos homens. O riso da alegria e do humor são poderosos aliados do homem, porém nada é mais cruel do que o riso de escárnio.

---

[133] ORTENCIO, Cartilha do folclore brasileiro..., p. 36, 37.

PISQUINHOS:
a tradição do satírico

> *Companheiros de profissão, cuidado com a sátira! Ela pode glorificar.*
> Millôr Fernandes

Além do gracejo, do cômico e do humor, encontrados nas *Décimas* e nas *Trovas,* a arte popular painelense manifesta-se, também, pelo viés do risível, em textos conhecidos como *Pisquinhos* e assemelhados aos tradicionais *Pasquins* pelo teor satírico. São folhetos anônimos, com objetivo de satirizar a sociedade e a política locais e, algumas vezes, a vida privada dos habitantes dessa comunidade.

A primeira indagação versa a respeito da razão pela qual o povo de Painel denomina esses folhetos de *Pisquinho.* Como já foi apontado, é possível identificar o título como uma corruptela de "pasquim", epigrama satírico produzido na Antiga Roma. Nota-se, também, no *Pasquim* clássico, estrangeiro ou nacional, e no *Pisquinho* de Painel, a ocorrência de várias características semelhantes. A primeira diz respeito ao uso, pois os moradores mais antigos testemunham que os folhetos eram, no início, afixados em postes ou no frontal das casas; a segunda semelhança incide sobre a elaboração poética pela repetência, comprovada na leitura dos *Pisquinhos,* do ataque direto ou oblíquo e da linguagem satírica dos *Pasquins* tradicionais.

A senhora Ibrantina Melo de Liz, uma das mais antigas moradoras de Painel, informa sobre o texto datado de 1940:

> *Sempre teve pisquinho em Painel. Desde que eu era solteira. Cada vez que tinha uma festa, saía um. Lembro de uma festa na Casa de Pedra em que a*

festeira fez um pão que não prestou. Eles eram escritos a mão, em letra de forma[134].

Contudo, não se sabe ao certo quando surgiram os primeiros *Pasquins,* "sempre teve" não é uma referência aceitável em uma pesquisa. A idade da informante permite estimar a existência dessas manifestações culturais já no começo do século XX, considerando-se que a Senhora Ibrantina nasceu no inicio do século e, naquela época, sua produção poderia ser tradicional na comunidade painelense. A estimativa comprova-se, também, pelo depoimento de Belizária Antunes (96 anos) e de Firmino Ribeiro (92 anos) que afiançam a existência de *um Pisquinho* escrito em 1915, após uma Festa do Divino Espirito Santo. Ambos registram, de memória, fragmentos do texto: *Santo Antônio e Divino / Devem fazer o reclame / Da festa na Macaioça / E da fogueira do Salame*[135]. Só os antigos moradores detém a identidade do festeiro da Festa do Divino em 1915 – Mané Salame – e a informação da mesma ter sido realizada em Macaioça, região hoje pertencente à localidade de Mortandade.

Categorização temática

É interessante observar que os *Pisquinhos* mais antigos, como as *Décimas* e as *Trovas,* estão relacionados às festas, sagradas e profanas.

Com o passar dos anos, muitos folhetos se perderam. É difícil encontrar documentação dos textos mais antigos, ainda que alguns subsistam na memória de muitos moradores. Os números coletados para esta pesquisa datam de: 1940, 1947, 1961, 1969, 1976, 1994, 1995, 1996, 1997 e 1999. A produção dos chamados *Pisquinhos é* lacunosa, pois no espaço de 1940

---

134 A entrevista realizou-se na casa da pesquisadora, em Painel, na tarde do dia 16/04/I 997.
135 A entrevista com a Sra. Belizária aconteceu na tarde do dia 14/01/2000 em sua casa em Painel e com o sr. Firmino, no dia 20/01/2000, em Lages, na casa de seu filho José de Liz.

a 1995 foram divulgados apenas um por ano, segundo informação de moradores mais antigos[136]. Já em 1996, circulam sete exemplares. São produzidos, em 1997, cinco exemplares, e, somente, um número em 1999.

A suspensão desse *"fazer artístico"* em 1998 gera algumas indagações. Há duas possíveis versões para explicar sua ausência. A primeira é motivada pela ameaça de sindicância do então Prefeito, irritado com as críticas negativas a sua administração, veiculadas nos *Pisquinhos. A* segunda hipótese liga-se ao início desta dissertação, sendo possível pensar que os autores, com receio de serem descobertos, pararam de produzi-los.

Amaldiçoados por alguns e apreciados por muitos, assim são os *Pasquins* painelenses. Eles encontram-se, há muito tempo, inseridos nos costumes da comunidade. A constatação das *raízes* lusitanas de Painel leva a considerar como possível as origens dos *Pisquinhos* fundadas nas cantigas medievais satíricas de escárnio e maldizer da Literatura Portuguesa medieval. A sátira e o satírico encontram terreno fértil na cultura da Idade Média ao manifestarem-se nas cantigas de zombaria, pois a rudeza dos tempos e os rudes costumes da vida social em contraste com o idealismo da Igreja propiciavam o culto de uma poesia de escárnio grosseiro e, às vezes, obsceno.

Nos textos portugueses, a cantiga de escárnio configura uma sátira de ataque indireto sem indicar com clareza, pessoas, coisas ou instituições. Já a cantiga de maldizer produz a sátira de ataque direto com referência direta ao objeto da zombaria, usando, quase sempre, palavras ofensivas.

Algumas considerações sobre a sátira e o satírico são oportunas serem aqui relembradas. Os gregos não conheciam a sátira formal, mas o satírico que se manifestava no drama satírico, na comédia de Aristófanes e nos vitupérios e diatribes

---

[136] Entre os informantes, destacam-se Ibrantina Mello de Liz, Belizária Antunes, Fiunino Ribeiro, e Vidal Cardoso.

dos oradores, conforme já pontuado na moldura teórica. No entanto, a origem da sátira como forma literária encontra-se no mundo romano antigo que foi o primeiro a cultivá-la, segundo Horácio[137].

Talvez devido ao desprendimento e à irreverência da sátira, *perante o policiamento e as regras do viver artesão[138]* medieval, o povo encontrava nela a libertação de seus anseios e desapontamentos em relação às pessoas ou às instituições e, por isso, a cultiva corno uma forma de expressão desse descontentamento. Nessa linha, o satírico é encontrado hoje em manifestações poéticas populares como é o caso dos folhetos de Painel.

Esse tipo de manifestação popular assemelha-se ao *Carapuceiro,* jornal que circula em Pernambuco de 1832 a 1845 sob a direção do *Padre Miguel do Sacramento Lopes Gama[139]*, com o objetivo primordial de criticar de forma satírica os costumes da época. O jornal já apresenta em seu nome o objetivo de colocar carapuças em quem as merecer, ou seja, o alvo do ataque. E como faz questão de frisar no título, *O Carapuceiro: periódico sempre moral, e só por "accidens" político,* seu objetivo é duplo, moral e político. Porém, ao contrário dos *Pisquinhos* que apresentam, em sua maioria, duas temáticas a da festa e da política, *O Carapuceiro* centra o ataque crítico aos costumes sociais e religiosos da comunidade. As festas dos santos e a educação das moças são os alvos prediletos.

Os Pisquinhos apresentam também algumas características semelhantes ao *Pasquim,* jornal criado no Rio de Janeiro em 1969 por um grupo de intelectuais – *Millôr Fernandes, Jaguar, Tarso de Castro, Sérgio Cabral, Claudius, Carlos Prosperi e Luiz Carlos Maciel* – frequentadores de bares

---

137 ORTIGA, As três formas do risível..., p. 151.
138 Cantigas de escárnio e maldizer na lírica portuguesa (cópia xerox sem identificações).
139 SILVA, L. D. (org.). O Carapuceiro: O padre Lopes Gama e o Diário de Pernambuco 1840 – 1845. Recife: FUNDAJ Editora Massangana, 1996. p. 77.

boêmios da zona sul da cidade do Rio de Janeiro[140]. Todas essas publicações – *O Carapuceiro* nordestino, *o Pisquinho* painelense e o *Pasquim* carioca – apresentam o mesmo teor de crítica aos costumes políticos e sociais, considerados retrógrados pelos colaboradores desses periódicos. Quanto ao *Pasquim,* a crítica social foi apenas o objetivo inicial e declarado, pois o mesmo passa a ser um jornal político "nas entrelinhas, mas não deixa de ser um jornal de crítica de costumes"[141]. É provável a ocorrência de um processo idêntico com *o Pisquinho,* quando em *Festa Serra do Macedo,* de 1940, texto mais antigo, faz uma crítica à festa e ao comportamento das pessoas que a organizam, não apresentando nuanças políticas. Porém, observa-se pela leitura dos textos coletados, que a temática política passa a ocupar um espaço cada vez maior, sem, no entanto, deixar de lado a crítica aos costumes sociais.

Das modalidades textuais que compõem a pesquisa, *o Pasquim* é o único a apresentar variações de ataque às pessoas e às instituições, talvez por possuir uma estrutura de jornal com algum poder de circulação e de ter persistido por muito mais tempo.

Os folhetos coletados para esta dissertação apresentam diferenças de estilo: alguns com uma linguagem menos agressiva, marcada pela ausência de palavras obscenas; outros, com mais hostilidade na linguagem, manifestam palavras de baixo calão. Para a apresentação textual dos *Pisquinhos, optou-se* pela leitura de acordo com um enquadramento tipológico. Essa categorização implica considerar de duas naturezas a crítica do *Pisquinho:* uma de caráter doméstico relativa aos insucessos das festas; e outra de caráter mais público, relativa aos desmandas da política local. Constata-se, a partir do material coletado, que os *Pisquinhos* podem ser enquadrados em três espécies: festa, maledicência e política. A primeira espécie agrega

---

140   BRAGA, J. L. O pasquim e os anos 70: mais pra epa do que pra oba.... Brasília: Editora da Universidade de Brasília, 1991. p. 24 – 39.
141   Cantigas de escárnio e maldizer na lírica portuguesa (cópia xerox sem identificações).

os textos de crítica aos festejos: *Festa Serra do Macedo, Os Sucessos deste Ano e Baile de São João do Painel*. Na segunda categoria – maledicência – por maldizerem a vida particular das pessoas, os textos em sua quase totalidade foram destruídos, restando apenas alguns versos na memória dos moradores mais antigos: *Fulano de tal / Cara de Jaguatirica / De dia conversa com Amélia / E de noite dorme com a Chica*[142]. E, por último, os *Pisquinhos* referentes às lides políticas, aqueles cuja tradição de escrita permanece até hoje.

Leitura dos pisquinhos

Conforme foi dito anteriormente, *o Pisquinho* encontra-se há anos inserido nos costumes painelenses. Todos os textos fazem de uma maneira ou de outra, o julgamento da vida social da comunidade, pelo viés da critica satírica.

O texto mais antigo, documentado por esta pesquisa, é o folheto datado de 1940[143], transcrito abaixo, ainda que o texto não esteja na íntegra. Restam apenas alguns versos, recolhidos pela professora Mete Melo, conservados de memória pela informante:

Festa Serra do Macedo	*A Chica e a Liveira*	*Amigos festeiros*
O pão da festa era	*Eram muito importantes.*	*Lá vai o Pasquim da festa*
de fermento azedo	*Ambas puxavam adiante*	*Licença tenho obtido*
A sobra da massa	*A Liveira de tenente*	*de falar de quem não presta*[144]
Enxertava arvoredo.	*A Chica de comandante.*	

O texto não possui título, sendo manuscrito e incompleto, restando de sua estrutura apenas três estrofes irregulares[145].

---

142 Entrevista realizada no dia 03/05/2000 com Cleusa Camargo. A entrevistada afirma que esse Pasquim surgiu um dia após o noivado de sua mãe Amélia Camargo.
143 A informação sobre a data foi fornecida pelas senhoras Idete Melo, Ibrantina Melo de Liz e pelo senhor João Arruda, em 1997 quando iniciei a pesquisa.
144 O texto foi transmitido em entrevista ocorrida no Colégio Padre Antônio Triveilin – Painel – , no dia 10104/1997, em Painel.
145 A primeira estrofe apresenta cinco versos rimados, os 1º, 3º e 5º com rimas intercaladas; na segunda estrofe os versos apresentam rimas intercaladas no 2º, 4º e 6º versos; e na terceira estrofe de quatro versos constata-se as rimas intercaladas no 2.º e 4.º versos.

O autor inicia pela indicação do local da festa; *Serra do Macedo* e termina com: *licença tenho obtido de falar de quem não presta*. Evidencia-se, no texto, a presença do "mundo às avessas" ao satirizar a organização de uma festa realizada na localidade de *Casa de Pedra,* pois o comum na época era elogiar através de *Trovas* ou *Décimas a* qualidade dos alimentos apresentados pelos donos da festa. Aqui a critica inicia-se pelos pães da festa que eram de *fermento azedo e* a consistência assemelhava-se a uma argamassa capaz de *enxertar arvoredo. O* risível desse texto é a identificação da festeira *Liveira* com a vaca madrinha que tange o *sino* e a *Chica* de condutora ao puxar *adiante,* a primeira *de tenente e* a segunda *de comandante.* Assim, o tom satírico da descrição da *Liveira e* sua amiga *Chica,* chamadas de *comandante e tenente,* serve para ridicularizar o papel de péssimas organizadoras de festas. *Esse Pisquinho não* faz uso de palavras obscenas ao atacar as festeiras, que são escarnecidas como pessoas que prestam apenas para deturparem as obrigações "sagradas" de patronas do festejo.

O tema *Os sucessos deste ano[146],* de 1969, refere-se às festas, do casamento da filha do *Mafra e* do baile do *João Mariano. O texto* inicia-se com a proposta de *escrever esses versinhos / Para dar a mostra do pano e* termina com uma "fingida" identificação, *Vou escrever o meu nome / Para não dar confusão.* Percebe-se a máscara do satirista nativo que se faz passar por forasteiro ao dizer *venho vindo lá da lua /E também subi a serra e,* mais adiante, na quase despedida, *eu vou me retirar / Para casa eu vou voltar.* Reforça a posição de peregrino com a metáfora de viajante espacial para dissimular a identidade de cidadão painelense, assinando-se *Os astronautas.*

---

146 Fornecido pela professora Mariley Arruda em 10/10/97, em Painel. O Pisquinho é manuscrito e estruturado por trinta e quatro estrofes de seis versos com rimas intercaladas nos 2.º, 4.º e 6.º versos. Nesse texto encontram-se palavras e expressões que fazem parte da linguagem quotidiana painelense: tapera, aloprou, mui educados, gastar os últimos tostão, lá deu suas trapeiras. O texto apresenta, como os demais, erros de ortografia corno: valças e impreção (Anexo 1).

O ataque satírico é dirigido às pessoas responsáveis ou aos presentes *rio baile do João Mariano, e* a temática denota o "mundo às avessas". Observa-se que o autor deseja satirizar os aspectos ridículos do acontecimento, quando o esperado sucesso termina em insucesso, pois *o baile foi numa tapera.* A leitura deixa entrever a expectativa de toda a comunidade para com *o baile afamado.* Lembra-se que a espera frustrada é um elemento forte na composição do risível. Nesse *Pasquim,* as pessoas atacadas são identificadas pelo primeiro nome ou pelo apelido: *João Mariano, Ari e Dedé.* O participante mais atacado *é o Dedé*[147], em virtude do "comportamento ridículo", descrito com minúcia pelo autor, incluindo o modo de vestir, dançar e beber. O satirista acusa o organizador do baile de negligência no atendimento aos convidados, de injustiça no julgamento do concurso de danças[148], de dançar só com a esposa, e de descuidar-se do baile ao permitir que alguns rapazes apaguem as velas que iluminam o salão. Chama a atenção para as rugas do casal para lembrar-lhes a idade incompatível com a irresponsabilidade. Critica, também, as moças que dançam rápido demais e os homens mais velhos que imitam o comportamento dos mais jovens. Por outro lado, ao fazer um balanço da participação do duplo evento, aponta a organização e a *fartura*[149] como os aspectos positivos da festa de casamento, e na outra festa, apenas, a qualidade da música tocada.

---

147   Dedé é o apelido de J. P., residente em Casa de Pedra, pertencente ao município de Painel.
148   O costume de realizar concursos de danças em bailes é mantido ainda hoje nos bailes de São João em Painel. Os casados participam do concurso de xote e os solteiros do concurso de vanerão. Nas domingueiras, ocorridas após o baile, há também a participação das crianças.
149   É costume nas festas painelenses de casamento, os anfitriões servirem grande quantidade de comida principalmente de carne bovina e nos bailes realizados em casas de família servirem café com mistura.

O Pasquim do baile de São João[150] tem como alvo de ataque os festeiros *Angela Bauer e Salvador*, criticados pela organização do baile acontecido em 1976, e o texto é assinado por *Fulano da Silva Bertrano de Liz Cicrano*. A primeira estrofe localiza a festa e os festeiros:

> *Dia 18 de junho / uma data que marcou / um baile de São João / no Painel se realizou / com os seguintes festeiros /Angela Bauer e Salvador.*

A última estrofe corresponde a um desafio para desvendar a autoria dos versos:

> *Quem quizé saber meu nome /procure que há de acha / sou solteiro e desimpedido / ainda quero me cazá / se gostou das minhas rimas /sou do Bairro Guarujá.*

O satirista ridiculariza a decoração do baile: *uns cartazes bem pintado / em todo canto se via / em dois canto do salão / os resto do João Sofia;* os trajes da festeira *o vestido era vermelho / todo cheio de babado / bota preta cano longo / não sei se eram emprestados;* a falta de guloseimas, pois foram servidos apenas *doce, pipoca e quentão / mas o que apareceu mais / foi vergamota e pinhão;* o quentão mal feito *pois estava frio não tinha gás no fogão / era só cachaça morna / misturada com limão;* a rainha "eleita", *a baichinha foi eleita. / não sei corno venceu / na hora da contagem / dinheiro pouco apareceu.* O concurso de xote é descrito como uma marmelada,

---

150   Texto fornecido por Jenifer Silva Neto em 04104/1997 no Colégio Padre Antônio Trivellin, em Painel. O texto é datilografado, composto por vinte e três estrofes de seis versos com rimas intercaladas nos 2.º, 4.º e 6º versos, e uma estrofe de cinco versos com rimas nos 2.º, 3.º e 5.º versos. Todas as estrofes são identificadas por numerais romanos. Nele também não se constata o uso de palavras obscenas, porém a linguagem apresenta marcas da oralidade como: tava, baichinha, chore, dese, abuzou, divorcio, deicho, quizé, desimpedido, eazá, Berfrano, Cicrano. Apresenta algumas incorreções tanto de concordância quanto de ortografia: uns cartazes bem pintado; os resto do João Sofia, Paremos de fala nas rainha; as 11 hora, voltá, cazá, quizé. Portanto, pode-se aventar a possibilidade de os Pisquinhos, como as Décimas e as Trovas, serem frutos da oralidade,(Anexo II).

dando a entender que o resultado já estava marcado. O presidente do clube e o festeiro são também satirizados por permitirem a entrada de pessoas de baixo nível social, *porque o baile lava bom / mas entrou muita rafoagem como mulher apartada.* Vale lembrar a discriminação com as mulheres separadas, contudo, nenhum obstáculo é lançado contra os homens separados. A constatação revela traços de uma comunidade centrada em injusta divisão de papéis sociais, na qual as mulheres em desacordo com as regras ditadas pela norma social estabelecida ficam proibidas de participarem de eventos públicos. Como o Clube 1.º de Junho era frequentado, na época, pela "alta sociedade painelense", a presença de pessoas de classes menos favorecidas não era bem vista. Com o passar do tempo, os valores modificam-se e, hoje, ricos e pobres divertem-se democraticamente no mesmo clube.

Conforme já foi assinalado, os textos painelenses têm por princípio fazer a crítica aos costumes, às pessoas e às instituições locais. Assim sendo, constata-se nos *Pisquinhos,* cuja temática é a festa, a presença da intencionalidade satírica, reconhecida por Worcester[151], como a invectiva, identificada ao expressar-se de modo direto e ao provocar riso de escárnio ou desprezo. Tal afirmativa pode ser comprovada tanto no texto de 1940 com a proposta *de falar de quem não presta,* quanto em *Os sucessos deste ano: Começamos a dançar com as morenas do Adão / Dançavam e faziam farra / Arrodiavam como pião / parar de falar no Dedé / Pois negro em sociedade de branco / é como boi jaguané /Deixe que vá encher a cara /nos bares lá do Painé.*

A sátira invectiva está presente, também, no *Pasquim do Baile de São João* ao acusar o *concurso do xote* de ser *concurso* de *marmelada.* E continua o ataque explicito em: *Eu gostei do presidente, só tem /papel mas não age / cuide*

---
151 WORCESIER, The art.., p. 37.

bem da portaria / prá proteger sua imagem /porque o baile taxa bom / mas entrou muita rafoagem /, O festeiro dese ano / no convite ele abusou / até mulher apartada / na portaria passou / a lei do divorcio foi aceita / mais ainda não vigorou /.É os festeiros novos / tragam música boa / que sejam bem educados / e trate bem das pessoas / que a festa quem faz é o povo / não adianta só ter proa.

Verifica-se nesses textos um outro aspecto da teoria de Worcester ao acentuar na sátira a percepção aguda do ridículo[152], pois o riso da sátira se dirige para um fim definido. Tal assertiva pode ser comprovada na leitura dos mesmos.

O segundo grupo textual é formado pelos folhetos de temática política, constituindo a maior parte do *corpus* dessa unidade.

A campanha de um político desorientado em Pedras Brancas[153] inicia com a clássica invocação:

> *Amigos eu vou contar / E só o que aconteceu / No começo da política / O Américo se meteu / A fazer a propaganda / E falar contra o Nereu.*

E a última sextilha consigna a "despedida" do satirista:

> *Américo me desculpe / A minha grande espreção / Adeus que eu vou embora / E aperte a minha mão / E no mais queira aceitar / Lembranças do teu irmão / (ass) Lureço do Mil.*

---

152 WORCESTER, The art.., p. 37.
153 Pedras Brancas é uma localidade, pertencente ao município de Lages, muito próxima de Painel Hoje em dia a região é um ponto importante do turismo catarinense. Esse Pisquinho é manuscrito e formado por trinta e sete estrofes de seis versos com rimas intercaladas nos 2. 0, 4.º e 6.º versos. Todas as estrofes são marcadas por números cardinais. Apresenta erros de ortografia: istrução, sona, freguez, disorientado, canaismo, narquia, e erros de concordância: para as coisas melhorar, foram sempre dispeitado, eram só esses pé rachado. Os erros de concordância retirados do texto são encontrados de modo geral na linguagem do povo painelense, (Anexo III).

O texto evidencia a posição política do Autor na crítica que faz ao comerciante Américo[154], por este trabalhar em Pról do Brigadeiro, *Para as coisas melhorar /E que ele ia ser um grande chefe /Aqui no nosso lugar,* e não apoiar o candidato de Nereu Ramos à Presidência da República, o General Eurico Gaspar Dutra. Qualifica como erradas as atitudes tomadas pelo comerciante na campanha, exagerando ao dizer que o Américo, *caminhava dia e noite / e nada podia arrumar,* e seu cabo eleitoral *Honorata, Caminhava um mês inteiro / E só pode arrumar seis.* E, por último, por cantar vitória antes do tempo e por distribuir os cargos públicos com antecipação:

> *Cantavam com a vitória / Que já estavam arrumados / Que o presidente era elles / E os governos do estados / E que agora iam tirar / O prefeito e mudar o delegado.*

Destaca-se o lado político do satirista que não perde a oportunidade de afirmar a superioridade de seus candidatos. Para ele, quem é contra o *Getúlio / devia ser fuzilado e Tudo isto é castigo / Por tu falar" do Nereu,* e recomenda nas últimas estrofes:

> *Américo vou te dar um conselho / E preste bem atenção / E tu nunca se mete em política / Cuide só do teu Barcão / E se muito tu quizeres / Só com mais educação.*

Com sombria profecia, despede-se na penúltima sextilha:

> *Agora vou terminar / com grande satisfação / si foi o teu brigadeiro / E só te deixo foi Paichão / E com falta de dinheiro / E fregues para o balcão.*

154　O alvo da sátira era um antigo comerciante em Pedras Brancas, sendo desconhecido pelos atuais moradores de Painel.

É importante evidenciar a expressão *Para dar mostra do pano, na* nona estrofe, encontrada, também, no *Pasquim – Os sucessos deste ano* – de 1969. O fato leva a pensar em duas hipóteses: ou se trata de uma expressão usada *na* época, ou os dois textos são escritos pela mesma pessoa. Pelo exposto observa-se que o satirista faz uso da invectiva para escarnecer de seus adversários políticos, comparando *o Severiano,* ajudante de campanha, com o *gato / que dá o tapa e esconde a mão,* e apontando Getúlio Vargas como tendo *sido deportado / Porque era cumunista /De sua patria despresado.*

Novos anúncios do PSD do Painel[155], de 1961, pinta um "mundo às avessas" ao falar da corrupção e do abuso de poder dos pessedistas. A primeira estrofe, composta de cinco versos, anuncia a intencionalidade do texto :

Vou dar mais uma noticia / da confusão do Painel / Da pose do Serafim / Do banditismo do Fidel / Do roubo do Augusto Lino / Apoiado pelo Doutel[156].

E encerra-se com o "clássico" quarteto de despedida,

Vou embora desta terra / Aqui não quero morar / Não voltarei aqui / Enquanto o Celso governar.

Uma leitura possível do primeiro verso desse quarteto é nele visualizar *a* paródia *ao Vou-me embora pra Pasárgada,* de Manoel Bandeira. O satirista faz uso de algumas expressões obscenas *– eu cago dentro do poli, cachorro senvergonha* – para enfatizar o ataque ferino e direto. É interessante destacar, também, o sarcasmo do segundo verso:

---

155 Pisquinho fornecido, no dia 04/04/1997, pela professora e vereadora Marlene Antunes Neto, residente em Mortandade. Apresenta-se em forma manuscrita e configurado por trinta e uma estrofes de metrificação diversificada, variando o número de quartetos (24) e de sextilhas (7). Os quartetos com rimas intercaladas nos 2.º e 4.º versos e os últimos com rimas intercaladas nos 2.º, 4.º e 6.º versos (Anexo IV).

156 O Doutel referido nesse Pisquinho é o Doutel memorialista que exerce na ocasião a função de intendente.

> *Dos chefes do Painel / Não sei qual é o melhor / O*
> *Augusto não vale nada / O Doutel ainda pior / O*
> *Dário é muito ruim /E ainda é o maior miserável.*

Nesse *Pisquinho, o* exagero satírico pode ser comprovado nas afirmativas: *No PSD tudo são sem qualidade / Senvergonha todos seram / O Celso Ramos é o chefe / Da quadrilha de ladrão.* O texto evidencia uma outra face do satírico, o escárnio dos defeitos físicos ao nominar *o Pedro* de *Poti e Tustão* pelo fato de ser gordo e de baixa estatura. Além disso, identifica o mau costume do satirizado capaz de usar *o Pote (i) como Pinico.* E, por último, a invectiva maior ao comparar *Os pessedistas como cornos e* as mulheres *pessedistas como putas.* O satírico expressa-se, nesse folheto, por expressões fortes e de baixo calão.

De igual teor satírico, configura-se *o Pasquim do PSD do Painel,* de 1961[157]. Nele observa-se, ao longo do texto, o exagero e a distorção satíricos ao longo do texto:

> *A política no Painel /Sempre é a mais animada / O*
> *Augusto e o Doutel /São dois chefe da espada/*
> *Prometeram muita coisa / E não cumpriram com nada*
> *[...] Celso Ramos foi eleito / O que é a gente tem que*
> *dize /As ponte esta quebrada /Não pode manda faze /*
> *O motorista que pensa /Não vota no PSD.*

Numa inversão típica do satírico, o texto encerra-se na máscara diabólica da falsa identificação e da deformação *como* as características de "exagero, distorção, violência e obscenidade"[158]. Está também incluída a crítica

---

157 Pisquinho fornecido, no dia 22/05/1997 pela professora e vereadora Marlene Antunes Neto, no dia 22/05/1997, na Câmara de Vereadores de Painel. É composto por cinco sextilhas e quatro quartetos. O texto apresenta muitos erros de ortografia e concordância, como por exemplo, grau--fino, dis, horação, cachasseiro, verças, puchasaco; e concordância como: No PSD tudo são sem qualidade, Serafim o que é que tu pensa / Eu de tu não tenho medo, As professoras da UDN não sabia lecionar (Anexo V).

158 Essas características foram destacadas na tese O riso e o risível em Millôr Fernandes..., p. 140.

à falta de fidelidade partidária de alguns candidatos – *O Volnei devia ter vergonha / De votar no PSD / Não se lembra que o Celso te deu olho pra beber.* Critica, também, a demissão de professoras udenistas, efetuada sob a alegação de falta de preparo das mesmas, e a substituição por professoras não formadas:

> *O Grupo Correia Pinto / Também ia levantar / Trazer professora formadas / Dos estrangeiro ou de outro lugar /As professoras da UDN / não sabia lecionar. Mas ficaram sempre as mesma / Não puderão arrumar nada/ Foi só a Nita do Nilso / Que foi a previlegiada /Ester lecionando no grupo / Dizendo que é formada.*

O Autor ridiculariza Lourenço Waltrick por ter um caso amoroso com uma afilhada: *Coitada da Dona Cema /Pensava ser a mais amada / Foi jogada lá num canto / Por causa da afilhada.* Constata-se que são também visados nomes importantes do PSD local: *Mas o culpado é / o Augusto e o Doutel /Arrumarem um homem desse / de Delegado do Painel / o Carmosino é um cachasseiro / Que surra até a mulher.* Nesse *Pisquinho,* detecta-se, também, a forte influência das cantigas de escárnio portuguesas, a partir da crítica à conduta e à vida privada dos candidatos. Na mesma linha, constata-se o ataque pessoal ao candidato a Delegado, apontando a magreza como defeito e o acusando de impostor: *Agora vem o Serafim / Que é para ser vereador / É um tipo magro e feio / E também muito impostor / Que ainda anda no mundo / Por descuido de nosso Senhor.* A leitura desse texto confirma a teoria de Feinberg a respeito do objetivo da sátira de centrar-se nos vícios, nem sempre desejando corrigi-los. Verifica-se nesse *Pasquim* a presença da metáfora de cunho popular – *para melhorar as cuecas* – que corresponde a "melhorar de vida":

Essa expressão é, também, encontrada no folheto *Campanha de um político desorientado em Pedras Brancas*. Coincidência, ou ambos foram escritos pela mesma pessoa? É possível pensar, de igual forma, que se trata de uma expressão muito usada na época.

O texto *Painel Município*[159], de 1994, abre-se com uma data significativa para o município: *Dia sete de agosto / uma data que marcou / começou uma nova história o Painel se emancipou*. Termina referindo-se aos versos como *herança* de seus *ancestrais* que lhe *deixaram este Dom*.. Fica visível nas primeiras estrofes, o caráter moralista do Autor que aconselha as pessoas a adotarem melhor critério na escolha do chefe do município:

> *Prefeito não vai ter problema / candidato é o que mais tem / já se fala em vinte e oito / Talvez eu seja t a m - bém /E no apagar das velas / O povo que enxergue bem.*

Na sequência, o satirista expressa o "mundo às avessas" ao traçar o "desejável" perfil dos prováveis candidatos à Prefeitura. Esse *Pisquinho* prenuncia, com ironia, as realizações de cada candidato, caso fossem eleitos. *A professora* empregaria toda a família; *o homem muito popular e ignorante* privilegiaria somente duas famílias amigas – os *Borges* e os *Mello* – com cargos administrativos; *o comerciante antigo* empregaria sua família; *outro candidato forte* daria um bom prefeito *se não fosse os porrão,* entre outros candidatos. O texto contém a critica satírica expressa pelo ataque ao eleitorado, afirmando que este *é como bandeira no mastro /E os guapeca de mão torta, /andam mesmo é contra-rastro.*

---

159 Pasquim fornecido pela professora Maria de Liz Flores em 02/04/1997, no Colégio Padre Antônio Trivellin, em Painel. É datilografado e configurado por cinquenta estrofes de seis versos com rimas intercaladas nos 2.º, 4.º e 6.º versos. Todas as estrofes são marcadas por numerais cardinais. Possui uma linguagem melhor elaborada, porém, encontram-se alguns erros de ortografia: contente, xupím, chachim, inxertou, acesso,. e de concordância: Diz que são muito unido, Já ficam tudo empregado /Pai, marido e os irmão (Anexo VI).

Evidencia a escolha "invertida" frequente entre os eleitores, que muitas vezes fazem a opção pelo lado eirado em plena consciência. O satirista, além de pontuar os defeitos dos candidatos, tenta persuadir os eleitores a fazerem melhores escolhas políticas, testemunhando, de novo, o caráter moralista do *Pisquinho*. Registra-se a ausência da invectiva e do uso de palavras obscenas, assim lembra algumas cantigas de escárnio medievais portuguesas, quando essas apresentam o uso atenuado do satírico.

Outro folheto de 1995, *Painel de Ontem e de Hoje. Como será o amanhã?*[160], ao comparar o passado e o presente do Município, alinha-se à ideologia dos *Pisquinhos* anteriores com o objetivo de persuadir o leitor[161] a refletir antes de votar em certos candidatos. Da mesma maneira, inicia anunciando possíveis transformações – *O Brasil deu o sinal / que ia ter grande mudança / começando com o real* – e finaliza com as tradicionais desculpas: *vou terminar estes versos / mas sem fazer despedida / peço desculpas a todos / se eu passei das medidas*. Observa-se uma intertextualidade entre o título desse *Pisquinho e a* música do compositor Gonzaguinha: *Como será o amanhã / Responda quem puder / O que irá me acontecer? / O meu destino será como Deus quiser.* O "mundo de ponta cabeça" evidencia-se, nesse *Pasquim,* ao estabelecer o contraponto entre a correção do tempo passado e os desvios do tempo presente. Já o retrato do passado dimensiona-se nos versos seguintes:

> *Painel vote já teve / O seu passado de glória [...]*
> *Teve até banda de música Sociedade organizada, /*
> *Farmácias, grandes hotéis / As festas eram animadas /*
> *Já tivemos padarias / Duas lojas bem montadas.*

---

160 Pasquim fornecido pela professora Maria de Liz Flores em 20/10/97 em Painel. Quanto à estrutura, o texto apresenta-se datilografado e composto por trinta verses com rimas intercaladas nos 2.º, 4.º e 6.º versos. Um aspecto a ser salientado nesse texto é a mescla das pessoas gramaticais 2.ª e 3.ª do singular, muito comum na linguagem oral do povo painelense: Painel você já teve, tivestes o teu valor, Quem é que em ti vai mandar? (Anexo VII).

161 WORCESTER, The art of..., p. 37.

Ao passo que o presente é expresso pelos versos transcritos a seguir:

> *Do jeito que correm as coisas / Painel, tu vais afundar / Como vais ter vida própria? / Quem é que em ti vai mandar? Tudo de bom que já teve /Vão podia se acabar.*

Critica a diretora da escola por deixar-se influenciar pela ideologia de seu partido político ao empregar professores sem habilitação e ao permitir interferências de políticos na administração escolar. Essa "atitude" concorre para a desvalorização do papel social dos professores perante à comunidade. As críticas são dirigidas também à sociedade local religiosa que se encontra bastante restrita:

> *Mas pelo que estamos vendo /A coisa não está bela /A tua igreja que é matriz / Querem que fique capela / Sem irmãs, sem o padre / Só co'as beata e as donzela.*

Não é possível estabelecer liames de identidade desse texto com a produção satírica anticlerical da literatura medieval portuguesa, na qual a crítica centrava-se em desvios mais graves de comportamento. O satirista inclui no ataque todos os painelenses que voltam apenas para concorrer as eleições:

> *Já tem alguns voltando / Prá fixar residência / Concorrer nas eleições / Mostrando inteligência / Cuidado com esses sujeitos / Que podem te levar à falência.*

De modo geral, a classe política é ridicularizada pelo satirista, *Estejam sempre vigilantes [...] Reparem no caráter deles / não vão em conversa fiada / Porque se forem eleitos / Não vão mesmo fazer nada.* Constata-se, ainda, a ambivalência desse procedimento, pois de um lado satiriza a situação atual e de outro, demonstra amor e respeito por sua terra:

Painel eu te que muito /Não vamos cortar os laços / Quero te ver sempre firme /Sei que você é de aço/ Deste teu filho querido /Receba um forte abraço.

Comparado com os textos anteriores, este não apresenta deturpações ortográficas, porém registram-se as marcas da linguagem oral. Em contrapartida, é constatada a presença da linguagem metafórica não muito comum nos demais textos: *Brasil é um favo de mel / Tem abelha e tem ferrão / com doce, amargo e fel / Sabia que essa mudança ia te atingir Painel.*

O texto, de 1996, denominado *Novo Município*[162], inicia com o anúncio – *É no novo município que surge uma eleição / o povo forma partido e fazem coligação* – e termina – *se alguém quiser se matar / quando perder a eleição / existe na Bocaina uns mercado em promoção / vendem corda e veneno a preço de liquidação.* Essa repetência da estrutura de inicio e término é marca estrutural das cantigas medievais portuguesas. Pela temática e sugestão de conteúdo moral, o Autor busca, de um lado, conscientizar os painelenses da responsabilidade perante a escolha de seus representantes; e de outro, invocar os concorrentes para deixarem de lado a ambição e formarem chapa única à Prefeitura de Painel. Os alvos da critica são: primeiro, o excesso de candidatos ao cargo de vereador,

Trinta e poucos candidatos / Mais os vices e os prefeitos / Um bando de puxa sacos / Querendo levar no peito /É no andar da carroça / Que as morangas se ajeitam;

segundo, a volubilidade dos candidatos *amigos do povão* que mudam sempre de partido,

Temos bons candidatos / São amigos do povão / Só que levam muito azar / Sempre perdem a eleição/ Quem

---

[162] Pasquim fornecido pela professora Maria de Liz Flores em 03/05/1997. É datilografado e configurado por trinta estrofes de seis versos com rimas intercaladas nos 2.º, 4.º e 6.º versos. A numeração é feita por cardinais (Anexo VIII).

pula de galho em galho /Arrisca pousar no chão;
terceiro, a incapacidade de, no mínimo, decorarem o número da própria legenda,

> *E na hora dos discursos /É que eu acho bonito /Muitos pegam o microfone /E começam soltar grito /E prá não esquecer do número / Tem alguém que leva escrito;*

quarto, a não disponibilidade do candidato de prestar serviços à comunidade antes do período eleitoral, *Muitos dos candidatos / têm pouco serviço prestado; e,* por último, a hipocrisia de muitos candidatos que frequentam a igreja somente no período eleitoral, pois *Prá conquistarem os votos / abraçam até porco espinho.*

Idêntico posicionamento é assumido em *Novos anúncios do PSD do Painel,* quando a aparência física dos candidatos faz-se objeto de riso: *Tem candidato pequeno /parece até miniatura [...] Sem falar da maioria / que se alejam na feiúra.* Também é ridicularizada a crença de alguns candidatos *(Ganha voto lendo a mão).* Esse *Pasquim* ainda que use o sarcasmo não emprega palavras obscenas. Observa-se que, a exemplo do *Pisquinho Painel de ontem e de hoje. Corno será o amanhã?,* o texto lança mão da linguagem metafórica a serviço do satírico: *Eu já vi que os mais teimosos / vão gastar a ferradura.* Além disso, constata-se a intertextualidade com um dito popular de Painel: *defunto quando é ruim / não adianta gastar vela.*

Na sequência temporal, surge um outro *Pisquinho,* sem título[163], em agosto de 1996, cuja primeira estrofe começa com os versos:

> *No painel meus amigos / aumentou os movimentos as eleições se aproximam/ o prazo chegou no eito / existem cinco partidos /e mais de oito prefeitos*

---

163 Pasquim fornecido pela professora Zeli Maria Arruda em 05/09/97. Este, é datilografado e configurado por cinquenta estrofes de seis versos, com rimas intercaladas nos 2.º, 4.º e 6.º versos, e as estrofes são assinaladas por numerais cardinais (Anexo IX).

E termina, fazendo "recomendações patrióticas":

> *aconteça o que acontecer / vamos vive sempre unidos / Painel não pode parar [...] Seja com qualquer prefeito / independente do partido.*

O texto pode ser dividido em três partes: a primeira refere-se às eleições de modo geral, dela fazendo alvo de crítica, a segunda satiriza os candidatos à Câmara Municipal e a terceira alonga o ataque aos candidatos à Prefeitura. As primeiras estrofes desenham a situação política de Painel e o perfil ideal do Prefeito;

> *Partidos estão divididos / Por causa da ambição [...] Começar uma prefeitura / Com trabalho e honestidade / Precisa ter pulso forte / e muita boa vontade / De todos os candidatos/ Poucos têm capacidade.*

A partir da vigésima segunda estrofe firma-se a outra face do satírico, no ataque aos concorrentes, evidenciando a incapacidade de cada um deles. O número de candidatos é o primeiro alvo do satirista, que julga ser o mesmo muito elevado: *São trinta e seis candidatos /Muitos nem sabem o que quer /Mas vão indo no embalo / Seja lá o que Deus quiser.* O segundo alvo é o lado frágil dos postulantes: *Vou começar dando a volta / Pelo Segredo e Lageado / Lá tem vários candidatos / Que dá prá ser aproveitado.* Cabe destacar que o satirista fala mal dos concorrentes de quase todas as circunscrições eleitorais de Painel, ressalvando, na época, apenas as candidatura de *Rios dos Touros e Mortandade / Tem boas condição /Candidata que defende /A área da educação /Diz que é uma professora /Não vai enganar o povão.* A respeito dos candidatos, residentes na sede, traça o seguinte perfil:

Uns defende a agricultura / Outros quer a educação. [...] Quem nunca prestou serviço / Defende seu próprio lar / E tem outros que defende / O copo cheio nos bar [...] Tem também candidatos /o Morro da Santa Cruz/ Apostando que são eleitos /Porque o povo conduz /Mas se a energia é fraca/ Acaba faltando luz.

Nas estrofes finais, direciona à critica aos candidatos em geral. O satirista lembra que um deles já esteve uma vez no poder e não correspondeu às expectativas da comunidade, portanto nem deveria estar concorrendo: *Pessoas que já tiveram / com o poder nas mãos / e nunca fizeram nada.* Ridiculariza um outro, acusando-o de ser *competente* em *fazer trambiques e perseguições* e, também, de ser capaz de corromper *um homem inteligente / pra seu vice escolhido [...] Espero que a convivência / Não deixe o homem perdido.* Ainda um outro é considerado suspeito de comprar votos na convenção do partido: *Não sei se foi com camanga ou se foi voto comprado / Mas derrubou a adversária / Um fato não esperado.* O satirista não concorda com o fato dos concorrentes à Prefeitura serem parentes, pois *O terceiro candidato a prefeito é* sobrinho dos outros *Será que o nosso Painel /Não tem, outra geração?*.

De acordo com o satirista, o povo deve escolher para administrar a cidade, uma pessoa com certo nível cultural e boa educação, *pois grosso ninguém atura*. Por outro lado, é importante destacar que a expressão *votos de cabresto* na 6.a estrofe lembra o coronelismo existente na região há alguns anos atrás. Os chefes políticos locais obrigavam as pessoas a votarem em candidatos marcados previamente. O voto era "examinado" por um capanga do coronel antes de entrar na urna[164]. O velho problema eleitoral brasileiro tende a minimizar-se a partir da instauração da uma eletrônica. O discurso satírico reproduz,

---

[164] LEAL, VOL. N. Coronelismo, enxada e voto. São Paulo: Editora Alfa – Omega,1975. p. 23, 24, 25.

nesse *Pasquim,* a linguagem oral painelense[165] e não apresenta palavras de baixo calão.

O folheto *Painel e seus movimentos,* escrito em 1996[166], limita-se, com exclusividade, à convenção do PSDB. Inicia com o satirista afirmando: *Estou gostando de ver / O Painel se acordar / Começaram os movimentos /Para os partidos formar.* E finaliza com o anúncio: *Esses versos são prá alertar / Não estou preocupado / E daqui mais uns dias / Nosso diretório é formado.* Ataca de modo direto às pessoas, identificando algumas pelo apelido, *A Negra é que fez tudo (..) O Tito entrou de carona / e ficou de presidente,* e outras pelo nome: O *seu Aristides Arruda com os tucanos se filiar, O Irineu também trabalha.*

O satirista critica aqueles que trocam seus antigos partidos para unirem-se ao PSDB, partido novo em Painel. Procura ridicularizá-los, principalmente, nas últimas estrofes: *Os Tucanos tão querendo entrochar os eleitor /Mas esses analfabeto /Prá nois tem pouco valor.* Além dos elementos da linguagem oral, encontram-se algumas expressões populares: *Mas se der cós burro n'agua, Tão num beco sem saída, Entrochar os eleitor.* É importante destacar no texto a expressão *que deram amostra do pano já* encontrada em *Os sucessos deste ano* e *A campanha de um político desorientado em Pedras Brancas.* Aqui é válido perguntar se ambos pertencem ao mesmo autor ou a mesma família de autores? De acordo com alguns moradores, há famílias painelenses que cultivam esse "fazer artístico".

---

165 Existe as desigualdade, tem muito sujeito hão, pois grosso ninguém atura, [...] Uns defende a agricultura/ outros quer a educação, Dois mecânicos candidatos/só que estão meio confuso. Observa-se, muitas vezes, que além de representarem a linguagem oral, esses erros de concordância são cometidos de propósito pelo satirista a fim de rimar um verso com o outro.

166 Pasquim fornecido pela professora Zeli Maria Arruda em 05/09196. É datilografado e composto por vinte estrofes de seis versos com rimas intercaladas nos versos 2°, 4° e 6°. As estrofes são marcadas por numerais cardinais. O Pasquim reproduz a oralidade: Disque, bão, Me adimirei de uma coisa, Eu acho que esses coitado, Tem paca voto o coitado, E mais unta que nóis perdemo (Anexo X).

Outro *Pisquinho,* sem título, surge em 1996[167]. O texto começa anunciando: *Resolvi fazer um Pasquim prá ajudar os companheiros [...] Gostei desse esporte porque vai pouco dinheiro.* E finaliza acentuando o ridículo dos candidatos do PMDB: *Desta vez fico por aqui [...] Tem muita coisa que se passou / e não foi esplicado /De uma coiza tenho certeza / Essa troca de pelego, / Quem não é corno é viado...* Semelhante ao anterior, expressa-se por meio do ataque direto aos candidatos, declarando nomes: *pela Doroti ele troca,* ou apelidos. *No comício do inxu, (Xuda).* O satirista demonstra, através do uso de palavras "fortes", o repúdio aos concorrentes: *A gente fala destes Podres / Que é uma tropa de vagabundo.* Com exagero satírico, afirma a não competência dos candidatos ao pleito eleitoral do PMDB pois, *Tem candidato que se diz forte / No comício o número esqueceu.* Comprova-se pela leitura que *Xuda* é o candidato mais satirizado: *Pra ficar mais bonito / Banheiro prol pobres vai construir.* Esse projeto, de acordo com alguns moradores, já poderia ter sido posto em prática e não ser reservado sempre para o ano eleitoral. O texto contém o desafio – *A carriata foi um suceço /Monstra, tamanha [...] Quero ver no dia Ires / Se ele repete a façanha* – ao candidato de obter uma votação tão expressiva quanto foi a carreata. Quanto ao cargo de vereador, *A candidata da Mortandade não* deveria temer os mortos e procurar educar o cunhado: *O Marquinho prá política / não leva muito geito.* E sobre os *outros vereadores / dispensso comentário / Tão bem bobo atrás de voto / Só pensando no salário.* Critica a organização do comício do PMDB, porquanto os membros do partido poderiam ter escolhido alguém mais comedido, em virtude de o

---

[167] Pasquim fornecido por Jenifer silva em 23/09196. E datilografado e formado por trinta estrofes: vinte e nove de seis versos com rimas intercaladas nos 2º, 4º e 6º versos, uma estrofe de dez versos com rimas intercaladas nos 2º, 4º e 10º versas, Nele, o autor faz uso de palavras chulas e obscenas. O texto apresenta erros de ortografia como por exemplo: cotia, dessacerte, xopim, conçolo, cituaçào, comisso, enxer. Encontram-se, também, expressões da linguagem oral: E a eleição tu vai perde, O santinho do Xuda vai sumi, Tu vai ficar para iodeis (Anexo XI).

candidato apresentado ser *um bêbado e retardado / Encheu os cornos na festa de agosto /Não aguentou dormiu centado.* Já o outro texto, *Primeiro pleito de Painel – outubro 96*[168], apresenta o resultado das eleições municipais e lembra a tradição painelense de elaborar folhetos críticos:

> *Pisquinho bem elaborado / Só faz quem é capaz / Não ofendo os concorrentes [...] O verso vem da rima/ Herança dos ancestrais*

Termina com uma advertência:

> *Ao encerrar esses versos / Vou deixar uma mensagem / Me desculpe meus amigos / Se falei muita bobagem / Cuidado eu estou de olho / Vou denunciar a ladroagem.*

Contém outras advertências ferinas aos candidatos e aos correligionários, pontuando suas falhas: *Só lamento alguém no morro / Ofender quem lhe deu pão [...] Dois eram irmão / E o sobrinho se meteu / O inxu era o favorito / Mas o irmão que venceu.*

Assim, o *PDT do Painel* não tem a força que se imaginava e nem o Vice-Prefeito eleito tem a posição que ostenta: *Cuidado amigo velho / O que sobe pode cair.* A antiga diretora poderia manter os companheiros unidos se não tivesse trocado *tanto de partido.* Quanto aos vereadores eleitos, um é criticado por usar suas dívidas para sensibilizar os eleitores, *Se elegeu com a promessa / De pagar as suas contas.* Um outro é alvo do ridículo por ter abandonado *os inxus* e apoiado o candidato do outro partido. E mais um outro vereador é criticado por *fazer política / Quando está embriagado.* O texto também satiriza

---

168 Esse Pasquim foi fornecido pela professora Maria de Liz Flores em 10/04/1997. E datilografado e configurado por vinte e sete estrofes de seis versos com rimas intercaladas nos 2.º 4.º e 6.º versos. Constata-se no texto a presença da linguagem oral painelense, como: Seguiu tudo bonitinho /Abraços e aperto de mão, Não se deve vira o cocho [...] Preserve sua família / Que sempre te acolheu [...] Pra isso tu nasceu, Treis candidatos correu (Anexo XII).

os candidatos *derrotados* lembrando-lhes *Quem tem serviço prestado / Leva o voto do povão*. Destaca-se, na primeira estrofe do último verso, a expressão: *Herança dos ancestrais* encontrada em outros folhetos da mesma natureza, fazendo assim referência explícita à tradição de elaborar *Pisquinhos*. O último *Pasquim* do ano de 1996[169], sem título, exibe, de igual maneira, um panorama do resultado das eleições municipais. O texto abre-se com o satirista afirmando:

> *Como sou desempregado / não sou bobo nem pateta / Continuo bem informado [...] Nesta profissão de poeta.*
> E finaliza, confundindo o leitor a respeito de sua identidade, com o clássico, *Painelenses um grande abraço [...] Não sei fazer só Pisquinho [...] Já nem me lembro mais /Se fiz o primeiro ou o terceiro /Sei que no quarto e no quinto /Também sou pioneiro.*

A invectiva manifesta-se no declarar o nome das pessoas satirizadas e no uso e palavras ofensivas. O Prefeito eleito é o mais atingido pelo fato de ter prometido muitos empregos em troca do apoio eleitoral, *Mas tem muitos PCFarias [...] Novas secretarias / Uma pros "Barbichas" assumi / Com suas famosas putarias;* e pela falta de critério ao nomear pessoas com formação não condizente para o cargo e, assim, deixar *A ignorância predominar [...] Pois tiveram a coragem até de se trocar / Da area de educação por um açougue / Só pra não se rebaixar.* A família de *Dona Chede* também é muito visada pelo satirista, pois A *ladroagem já existia /Mesmo antes da eleição [...] Tanta banha é sinal / Que o pasto da creche é

---

169 Pasquim cedido pela senhora Vilma Cozer Arruda em 05 I 041 1999. É datilografado e composto por quarenta e três estrofes: trinta e nove com seis versos; duas com rimas intercaladas nos 2º, 4º e 6º versos; duas com cinco versos e rimas nos 2º e 5º versos; três com sete versos e rimas nos 2º, 4º e 6º versos; três com oito versos e as rimas intercaladas nos 2º, 4º, 6º e 8º versos, e uma com dez versos e as rimas intercaladas nos 2º, 4º, 6º, 8º e 10º versos. Observam-se no texto, expressões usadas na linguagem oral: Tem gente que não faz mais rancho / Mas engordam que nem leitão [...] Que o pasto da creche é bão, Tem gente que ficou rico, vai apelá pra ignorância, Mas a vitória não pode comemorá (Anexo XIII).

bão. E, sobretudo, por ter apoiado o Prefeito com o objetivo de obter cargos, *E agora eu pergunto / Os chediedo como vão ficar? [...] Já estão ficando com medo / Do pé na bunda que vão levar*. As críticas estendem-se a outros painelenses, agora não nominados, como o casal de comerciantes, acusados de discriminar os pobres: *Enquanto não sai a igreja dos pobres / Um casal estará sempre a rezar [...] Na realidade mais perecem / Dois demônios no altar*. O vereador mais votado é criticado por fazer papel de tolo, dificultando assim a execução de suas promessas ao povo, *Como vai defender a crasse???;* um outro, é satirizado por considerar a câmara apenas como um emprego, *Pois não gosta de trabaiá / Disserto agora toma banho / Prá morrinha não continua;* e um vereador do PMDB é criticado pelo fato de apoiar partido contrário ao seu: *Tem gente que prá propria família / Fez a sua traição [...] Em nome da família Antunes Pessoa /Confirma que tá vendo assombração*. Apesar da ocultação de alguns nomes, a identificação processa-se com facilidade na comunidade painelense da época. Fato que acentua o caráter histórico da sátira e do satírico. Na terceira estrofe, declara seu objetivo, *Eu disse qu estava de olho /Ia denunciar a ladroagem,* admoestação reproduzida no folheto.

Primeiro pleito de Painel

Após três meses sem nenhuma produção, surge o primeiro *Pasquim* escrito em 1997[170]. Na estrofe inicial, adverte: *To de novo no pedaço / Deixando todos curiosos / Prá saber minha identidade.* O satirista reafirma a posição de superioridade

---

170 Pasquim fornecido pela professora Maria de Liz Flores em 1010411997. E datilografado e formado por quarenta e duas estrofes, sendo que vinte e seis têm seis versos com rimas intercaladas nos 2.º, 4.º e 6.º versos e dezesseis possuem sete versos com rimas intercaladas nos 2. 0,4.º e 7.º versos. Encontram-se no texto expressões que pertencem á linguagem oral painelense: Que o burro de zarreio, Se não largá da mardita /Tu vai demoli a caçamba, Nunca deu ponto pra nada (Anexo XLV).

– falo somente a verdade – e, na última estrofe, delata a fonte de sua informação, *Quem me mantém informado [...] Trabalha atrás do balcão / E tem um mamulo nas costas*. O objeto do ataque é o desmando praticado pelo Prefeito, em particular pelo clientelismo político, para o qual o satirista dirige críticas ferinas. Ironicamente, cobra do político eleito a promessa não cumprida de empregar *Capoeira e Tiã Tião*. Por outro lado, aponta a falta de critério para contratar empregados, pois admite pessoas de comportamento inadequado: *Tem um novo motorista / que o apelido é Tio Bamba [...] Nunca deu ponto prá nada / Só por curpa da cachaça*. Além disso, *O Marlos e o alemão* também não são nenhum modelo de virtude, pois *Só estão fazendo feio / Nenhum dos dois aparece [...] O Prefeito tá pagando prá eles laçá em rodeio [...] O Redi pega a Kombi / Por ser bom caminhoneiro [...] Só não vá mata as crianças / Co fedô desse paiero*. O texto denuncia, também, o nepotismo na administração municipal. Uma das filhas do Prefeito é satirizada por mandar mais que seu pai na Prefeitura: *A prefeita das finanças [...] Parece uma ditadora [...] Se não tivesse dinheiro / Tava benzendo tromenta [...] Só não separou ainda /Por causa do emprego*. Esse texto ridiculariza o Prefeito e contratados: *As monitora da creche / andam empurrando a gracha / De tanto come mingau /Misturado com bolacha*. As críticas estendem-se aos vereadores, *A Roseli quer pegar o Sérgio [...] Antes não pegava macho / Porque dinheiro não tinha; Esse tal Roni Pessoa / Prá família viro as costa [...] Traidor o povo não gosta*. Outro alvo de ataque centra-se em *As diárias do prefeito / É cousa de se invejá /Agora o senhor Tadeu / Já virou num marajá*. A aprovação dessas diárias pela Câmara Municipal gerou o descontentamento, em grande parte da população, por julgá-las como abuso de poder: *O regime é ditadura [...] Até o pobre do Tilo / Não pode botar apito /Na secretaria que tem*. Outras pessoas da comunidade também são atingidas pelo satirista:

A Chédia só faz pasquim /Falando nos ancestrais / Mas nunca fecha na rima; O Tirito e a Gilmara / Formaram um casal joia / Um vadio e uma kenga [...] Se por acaso se juntarem /A Eva tem que dar boia.

Observa-se, nesse texto, a presença de palavras e expressões chulas *como: Baicharel das próprias guampas / Esse sim é come bosta e o reinasso da cadela /popular anca de vaca.* Já o segundo *Pisquinho* de 1997 – *Painelenses estou de volta*[171] – faz um apanhado da situação política do Município ao destacar a troca de assessores praticada pelo Prefeito e o concurso promovido para ocupar alguns postos na Prefeitura. O Autor inicia com uma irônica advertência – *Painelenses estou de volta / Estou chegando de mansinho [...] E já encontrei novidade pró continuar meus versinhos* – e termina denunciando o nepotismo político praticado em Painel, pois *até o prefeito é parente / Mas dispenso comentário / Em política não conversamos [...] Só quero passar no concurso /E garantir meu salário.* De acordo com o satirista, o Prefeito deveria mudar o modo de conduzir o município, colocando mais carros à disposição dos alunos que *desmaiam de fome /Só as três horas da tarde /É que embarcam na tombe.* E, essa situação perdura, conforme o texto, desde que o Prefeito dispensou a Escola Itinerante[172] por medida econômica. O satirista alerta sobre a insatisfação do povo quanto *a nova assessora: Agora tu tens contigo / Uma rapoza*

---

171 Pasquim fornecido pela senhora Zaida Antunes em 1010511997, É datilografado e configurado por quarenta estrofes de seis versos com rimas intercaladas nos 2. 0, 4.º e b.º versos. E composto por vinte e nove estrofes irregulares: duas têm cinco versos com rimas cruzadas nos 1.º, 3.º e 4.º versos; seis estrofes possuem quatro versos com rimas cruzadas nos 2.º e 4.º versos; cinco têm seis versos com rimas intercaladas nos 2.º, 4.º versos; três possuem sete versos com rimas intercaladas nos 3.º, 5.º e 7.º versos; quatro têm oito versos com rimas intercaladas nos 2.º, 5.º e 8.º versos; três de nove versos com rimas intercaladas nos 2.º. 5.º e 9.º versos e uma estrofe com três versos brancos. O texto apresenta algumas expressões usadas na linguagem oral de Painel: Ele é um /tome bom, Porco magro não dá banha, Você é muito ligeiro, Dois tigres num capão só / ou morre ou sai arranhado (Anexo XV).

172 A Escola Itinerante foi criada aproximadamente em 1984 pelo prefeito de Lages Paulo Duarte a fim de beneficiar as comunidades interioranas distantes como Ensino de Primeiro Grau.

bem esperta / Que vai te passar a rasteira / Se você não estiver alerta. O desentendimento entre o Prefeito e seu Vice não passa impune aos olhos do Autor: *Não se esquece quem apanha / Você não acha outro bobo / Prá bancar tua campanha*. Já o concurso para alguns cargos municipais é outro ponto de ataque: *Os concurso é marmelada / Os daqui não vão passá / Vai entrá guasca de fora /Mandando tudo pastá*.

Encontram-se nesse texto algumas características dos antigos *Pasquins* de maledicência ao criticar outras pessoas não relacionadas com a política local: *O Titito e a Gilmara / Formaram um casal joia / Um vadio e unia kenga [...] Se por acaso se juntarem /A Eva tem que dar Boia*.

Destaca-se nele a presença do paralelismo das cantigas medievais portuguesas, nas quais o último verso de uma estrofe é idêntico ao primeiro da estrofe seguinte[173], por exemplo: *Mas pra quem está de fora / Contar é bem divertido [...] Contar é bem divertido/ Mas o povo não aguenta*.

Dois meses depois, surge outro folheto[174] – *Painelenses que saudades* – que anuncia na primeira estrofe: *Vim rever meu ex-distrito [...] mesmo sendo pouco tempo / Fiquei a par das novidades*. E, na última estrofe, compara o Prefeito de Painel ao Prefeito Pitiguary da novela global[175] que *so quer fazer obras /E garantir o seu quinhão /Mas pro Painel crescer de verdade / Vai ter que cair num buraco / E sair lá no Japão*. Para ridicularizar os erros do Prefeito, o satirista lança mão de palavras ofensivas, pois o mesmo não deveria permitir a interferência de suas filhas na administração: *Se não faz obras, faz desfile [...] Painel vai virá Grinville [...] Dizem que a ideia das fia / Que querem engrandecer o pai G.).) As duas são abagualadas / A da prefeitura é pior*. Essas, pelos "desmandos e grosserias", são comparadas a cavalos selvagens. Quanto à

---

173 Cf, MOISES, Dicionário..., p. 385-386.
174 Pasquim fornecido por Maria Flores em 10/05/1997 (Anexo XVI).
175 A estrofe refere-se a Grinville, cidade fictícia da novela da Globo A Indomada, em que o prefeito manda fazer buracos nas ruas para o povo pensar que está promovendo obras.

Secretaria da Educação, aponta que *A coisa tá ficando feia / Depois da obra da Casa de Pedra /Acabou-se a peleia.* O Vice-Prefeito é censurado pela ausência, muito frequente, aos compromissos municipais: *Na prefeitura quase não aparece / Mas ganha seus honorários.* O vereador *Roni* é criticado no texto e comparado ao ex-presidente Fernando Collor por *beneficiá os parente [...] Reformou a casa da Dinda (Olímpio) / Com o dinheiro do povo.* O satirista destaca que *Emancipamos o Painel / Prá enriquecer a família do prefeito / E só mais uns privilegiados,* pois o objetivo de tornar Painel município era, no fundo, de beneficiar as classes menos favorecidas: *E os pobres ainda tão esperando / Um pouquinho do bom bocado.* Além dos ataques à política local, o *pisquinho* critica o baile, realizado para a escolha da rainha do *Painelaço,* apontando a discriminação e o racismo por parte da Diretora do colégio local, quando da tentativa de impedir a participação de *uma candidata preta: Cuidado diretora, secretária e Lagarto / Existe lei contra racismo.* O texto estabelece, como já foi visto, uma analogia satírica entre *Painel e Greenville: No baile das rainha / Todos com sua senhora / O Pitiguaiy e a Altiva / Os empafiados da hora*[176].

Constata-se aqui a absorção de um elemento da cultura de massa, a telenovela, por um elemento da cultura popular, *o Pisquinho.* Desse modo, fica evidenciada a mescla da cultura popular com a cultura imposta pelos meios de comunicação.

O folheto *Painel em movimento*[177] surge quinze dias após o anterior. Inicia com o tradicional, *Amigos estou chegando,* e,

---

[176] A esposa do prefeito não é comprada à Scarlet, primeira dama de Greenville, mas à Altiva que é uma personagem esnobe e antipática.

[177] Pasquim fornecido por Zaida Antunes em 0310811997. O texto é datilografado e formado por vinte e uma estrofes de seis versos com rimas intercaladas nos 2°, 4° e 6° versos: quinze têm quatro versos com rimas cruzadas nos 2° e 4° versos, três têm cinco versos com rimas cruzadas nos 1°, 3° e 5° versos, duas possuem três versos com rimas cruzadas nos 1°, 3° e 5° vemos e uma têm seis versos com rimas intercaladas nos 2°, 4° e 6° versos. As estrofes são antecedidas por numerais cardinais. Apresenta, também, algumas expressões utilizadas na linguagem oral, como por exemplo: Lá ninguém borô a mão, E no arremate das obras, Prá não mistura bagaço, Pro patrão e os capataz, Que os balido vão ser demais (Anexo XVII).

mais adiante, mascara com ironia seu objetivo: *Vou falar bem do Painel / Comentando só os fatos / Nunca gostei de quem fala se baseando so em boatos.* E encerra com o alerta: *Não deixo escapar assunto / Sei que vão deixar uma fresta / Eu volto a contar prá vocês / Como é que ocorreu a festa.* Esse texto continua a estrutura e a tradição temática dos demais.

Dois dias depois, surge o último texto de 1997[178] com uma saudação alegre e contraditória nos primeiros versos – *Olá meu povo querido / De novo aqui estou voltando [...] Sou novo no pedaço / Tenho certeza que estou gostando* – e com um aviso nos versos finais – *Estarei de olho pré/ tudo o que acontecer / Um abração macacada, tenho muito o que fazer.* O Pasquim dirige a invectiva ao nepotismo e acúmulo de cargos por pessoas do Executivo e do Legislativo de Painel. Alguns vereadores, alvo do ataque satírico de caráter direto, são identificados no texto: *Esse Rani Pessoa, presidente professor e vereador / Não acumule muitos cargos.* Outro vereador, *o mais votado,* é criticado por montar um projeto, impedindo as tropas de passarem pelo centro: *Com certeza as coitadas terão que andar de avião [...] Te manca ó pobre Negro [...] Não se meta com as vacas que tu não tem.* Contudo, não concentra os ataques à classe política, dirigindo-os, também, aos outros membros da comunidade:

> *A mulher do cambito vive chamando de putedo e quenga pras mulher da galinhada / Só ela não enxerga /a tropa de merda que tem dentro de casa; A primeira dama arrumou um mulher/ Chamada assistente social {...) Já começou fazendo cagada [...] Cuidando do serviço alheio.*

---

178 Pasquim fornecido por Zaida Antunes em 11/0811997. O Pisquinho é digitado e composto por 21 estrofes irregulares: 15 com 4 versos, 4 com cinco versos e duas estrofes com três versos. Devido à disposição dos versos as rimas são internas. Observa-se que esse texto difere dos outros, pois sua estrutura apresenta versos irregulares em todas as estrofes. Algumas têm quatro versos, outras têm cinco ou três versos (Anexo XVIII).

Depois de um ano e seis meses surge a única produção de 1999[179]. O texto sem título apresenta um panorama da gestão municipal e dos preparativos para *o Painelaço*. É iniciado com o clássico: *Amigos peço licença / Estou chegando no pedaço / Vim para fazer a cobertura /Da festa do Painelaço*. E terminado com o tradicional *Adeus queridos amigos /Deixo aqui o meu abraço [...] Só volto no ano 2000 / Jogar de novo meu laço*. A crítica manifesta-se contra o Prefeito que não deveria estar *forrando a guaiaca,* nem deveria ser agressivo diante da comunidade, pois *disseram que um vereador / Ele derrubou com um tapa,* e nem mesmo tentar subornar os vereadores para aprovarem seus projetos, pois *compra um com telefone / outro com um carro novo*. Adverte que a administração municipal não deveria alegar a ausência de recursos financeiros nem *Reduzir os empregados,* considerando que *a família lá dentro / Vai muito bem, obrigado*.

Quanto à organização do *Painelaço,* cujos festejos começaram *com o baile das candidatas* à rainha, a crítica incide no fato das moças "de fora" participarem, pois *deixou as do lugar / com a moral lá em baixo*. Também os membros da *Fromoç& social* são alvo das criticas por descuidarem-se da organização do desfile, esquecendo *de mandar fazer as faixas*. Outro alvo da critica investe na desorganização dos preparativos para o evento, em especial na *tal da missa crioula,* por esquecerem de amimar uma *pilcha*[180] para o Padre e *na hora pegam do campo / reza de roupa emprestada*. A cavalgada inclui-se no julgamento sarcástico, visto que *As professoras da cidade / ficaram todas de a pé*. Nas últimas estrofes, o satirista explica aos leitores, através de metáforas simples, que bons eventos podem trazer coisas ruins, pois *a vida é doce mas tem o amargo do fel*. E fecha *o Pisquinho* com a invocatbria aos leitores

---

179   Pasquim fornecido por Andreia Barbosa em 10/08/1999. O texto é digitado e formado por trinta e oito estrofes de seis versos com rimas intercaladas nos 2°, 4° e 6° versos (Anexo XIX).
180   Roupa típica gaúcha.

para guardar *esses versos,* em virtude dos mesmos poderem *um dia fazer parte / Da história do Painel.*

A promessa de retorno do texto anterior cumpre-se com *Só volto no ano 2000 /Jogar de novo meu laço*"[181], aproximadamente um ano depois. O folheto concentra o acometimento nas eleições municipais e no *Painelaço.* Na primeira estrofe, o satirista anuncia seu objetivo: *vou começar a falar / Candidato é o que mais tem [...] Começaram as reuniões /E a coisa pegou a esquentar.* E, na última, repete a clássica despedida *Meus amigos do Painel / Deixo aqui meu abraço [...] Só volto a escrever de novo / Quando passar o Painelaço.* Nesse *Pisquinho, o* risível evidencia-se por meio de ataques ora diretos, ora oblíquos aos postulantes à Prefeitura e Câmara Municipal. Assim, o texto os ridiculariza, desenhando em cores negativas o perfil dos candidatos:

> *São muito prá pouca banha [...] Os doutro e professor / Vamos deixar na poeira /Agora é a vez dos bêbados /Dos crente e das faxineira e os candidatos a prefeito /É os mesmo não muda nada [...] entra duca e sai manduca /E fica a mesma cagada.*

De acordo com o satirista, o Prefeito candidato à reeleição *já anda dizendo [...] Só quem tem dinheiro que pode / Comprar o povão / Quatro anos com a família / Reuniram um dinheirão.* A família de alguns candidatos é alvo do ataque satírico – *O prefeito comemora na rua / Com carreata animada /A filha vai para a escola / Comemora na porrada [...] Já chamam de cachorra louca* – por não apresentarem um comportamento condizente com a função a ser desempenhada.

Quanto ao Painelaço, prenuncia com sarcasmo que a mesma *vai ser um prato cheio e o prefeito com o dinheiro da festa / Compra os pobres e os feios.* Ao concluir, faz algumas

---

181 Pasquim fornecido por Renata Pessoa em 04/08/2000. O texto digitado é composto por trinta estrofes de seis versos com rimas intercaladas nos 2°, 4° e 6° versos. As estrofes são antecedidas por um numeral cardinal (Anexo XX).

recomendações: a primeira e' uma advertência, *Votem com muito cuidado /Só depende de vocês /Pro Painel sair do banhado;* e a segunda é uma recomendação, *festeje com alegria / Respeito e amor a Jesus / Cinquenta anos de paróquia.* Registra-se que a expressão *é no andar da carroça /* também no *Pasquim Novo Município,* na quarta estrofe com algumas modificações: *é no andar da carroça / Que as morangas se ajeitam.* Essa constatação reforça a suspeita de ambos os textos pertencerem ao mesmo autor ou aos mesmos autores. É provável que a resposta afirmativa se imponha pelo fato de alguns folhetos repetirem idênticas expressões e o mesmo modo de exposição das ideias. Embora não *seja objetivo* dessa dissertação identificar a autoria dos mesmos, pode-se atribuir a mesma autoria aos *Pasquins: Painel Município, Painel de Ontem e de Hoje, Como será o amanhã, Novo Município e Painel em Movimento; e, da mesma forma, aos* textos surgidos em 1999 e em 2000.

No decorrer da leitura, verifica-se que a invectiva[182] é presença constante tanto nos *Pisquinhos* de festa quanto nos *Pisquinhos* de política. Ao finalizá-la, observa-se que em ambas as espécies fundem-se às teorias citadas na moldura teórica, em particular de Worcester e Feinberg.

Em particular, a razão do sucesso com o público leitor deve-se, segundo Feinberg, ao fato da sátira e do satírico transmitirem ao leitor um sentimento de superioridade pela circunstância de estar livre do ridículo e, em consequência, das agressões.

É pertinente assinalar, da mesma forma, a concordância entre o pensamento de Frye sobre o satírico e a produção dos textos painelenses, pelo fato de usarem a linguagem típica dessa espécie literária como instrumento de ataque contra o erro e o ridículo humano.

---

182 Entende-se por inventiva, a intencionalidade satírica caracterizada pelo ataque direto e didático, provocando o riso de escárnio ou de desprezo. WORCESTER, The art of..., p. 37.

Na leitura seguinte, muda-se o olhar para os textos memorialistas cujo ponto axial oscila, também, do "eu" aos "outros", ainda que de maneira diferenciada. Contudo, tanto os textos do risível quanto os textos memorialistas constroem a face da cultura de Painel.

MEMORIALISMO, AUTOBIOGRAFIA E CRÔNICA DE PAINEL

> *E a cidade emerge cheia de alma, com sua memória política, sua memória de trabalho, as vezes de suas igrejas e ruas, seus pregões e cantigas, seus assobiadores das madrugadas.*
>
> ECLEA BOSI

As memórias de Doutel Andrade – todas escritas em forma de diário e confirmadas em traços autobiográficos, crônicas e anotações diversas – retratam a vida simples do povo painelense, quando as festas, religiosas ou profanas, e os acontecimentos do cotidiano são fatos merecedores de registro. O narrador resgata dessa maneira a história pessoal e a história do município e da gente de Painel. Confirma-se dessa maneira o pensamento de Halbwachs ao situar a memória individual como parte da memória coletiva. A história do homem – Doutel de Andrade – imbrica-se à história da cidade em que vive. Ou a história da comunidade painelense é constituída pelo amalgamar das vidas de seus cidadão? Os textos de Doutel de Andrade apresentam características autobiográficas e testemunhais, permitindo visualizar o cotidiano, passado e presente, de Painel através das histórias de um cidadão. A natureza deles reveste-se de registros diversificados, alguns de caráter literário (crônica, autobiografia, memórias) e outros de caráter não-literário como anotações de ocorrências sociais.

Cabe primeiro esclarecer quem foi Doutel de Andrade[183], não o político de âmbito nacional, mas o homem de atuação política local e o escritor memorialista que grava em seus textos o cotidiano, próprio e de sua terra. Nasce em Campo de Dentro (Painel), em trinta de abril de 1900, filho de Prudente

---

183 Dados fornecidos pela filha do memorialista em entrevista ocorrida na residência da informante no dia 10 de novembro de 1998, ocasião do empréstimo do caderno de memórias memorialista.

Daniel de Andrade e Maria do Nascimento de Andrade. Os fazendeiros da região, entre os quais se incluía o pai do escritor, em decorrência da difícil passagem para os centros urbanos, costumavam contratar alguém para ensinar os filhos a ler e a escrever. Os professores permaneciam nas casas até a última criança da família completar a educação primária. Prudente Daniel de Andrade contrata o professor Júlio Mares, de origem russa, para a tarefa de ensinar matérias básicas do curso primário e noções da língua alemã. Doutel de Andrade sempre distingue-se no grupo social painelense pela cultura e probidade. Trabalha como secretário do engenheiro Lourenço Waltrick na construção da estrada Lages-Urupema por volta de 1926. É nomeado pelo Prefeito de Lages, Vidal Ramos Jr., ao cargo de Intendente Distrital de Painel, em 1941, permanecendo até 1973, quando ocorre a vitória da oposição (N117B) nas eleições municipais. Escreve para o jornal Região Serrana, hoje extinto, no período de 1943 a 1948.

Após a aposentadoria, ocorrida em 1980, passa os dias a ler e a escrever. Falece no dia sete de agosto de 1996.

Doutel de Andrade, o cidadão painelense, partilha de idêntico nome com Doutel de Andrade[184], o político de âmbito federal. Nomes idênticos de duas pessoas ligadas por laços de parentesco afastados, porém com caminhos diferentes

---

184 O político Armindo Marcílio Doutel de Andrade nasce no Rio de Janeiro em 17 de novembro de 1920, filho de Atraindo Augusto Doutel de Andrade e D. Cândida Margarida Fernandes Doutel de Andrade. Filia-se ao Partido Trabalhista Brasileiro (PTB), sendo eleito Deputado por cinco legislaturas (1952 – 1966). E cassado pelo Ato Institucional n.º5. Readquire os direitos políticos e inscreve-se no Partido Democrático Trabalhista (PDT), chegando a ser Presidente do Diretório Nacional. Ao adquirir pela anistia os direitos políticos, inscreve-se no PDT. Falece em 1995.

Apresentação e categorização dos textos de Doutel de Andrade

Na entrevista com a filha de Doutel, Lília Andrade, toma-se ciência de outro caderno de memórias, escrito antes do texto a ser utilizado nesse trabalho. Apesar de pessoalmente procurá-lo entre livros e recortes de jornais, guardados por Doutel de Andrade, o mesmo não foi encontrado. Em decorrência, a leitura fica limitada ao caderno cujos textos manuscritos foram, segundo a informante, copiados do anterior. Esse procedimento pode explicar a sequência não cronológica dos registros e, ao mesmo tempo, acentuar o caráter memorialista dos textos que foram transcritos.

Trata-se de um caderno de capa dura e cor preta com a estampa decalcada de uma menina e um ramo de lírio, simbolizando a inocência e a pureza. Na face interna da capa, estão transcritos alguns pensamentos e na folha de rosto, à maneira de frontispício, está gravada a palavra *RECORDAÇÕES* em letras desenhadas pelo autor[185]. No reverso da capa e da folha de rosto, copiadas manualmente, encontram-se algumas notas de cunho pessoal e vários aforismos[186], quase todos versando sobre o terna da velhice:

> *Não lamento estar ficando velho. Muitos não ficam / O que mais um velho pode fazer senão ler... e pensar (anônimos) / Nada é mais desgraçado que um velho não ter algo para mostrar, a fim de provar que viveu muito tempo, a não ser os anos de sua idade. (Og Mandino)*

---

185   O título do caderno – Recordações – está desenhado em letras grandes, pintadas nas cores vermelha e azul. À esquerda, em vermelho, encontra-se o registro do início da escritura ou reescritura dessas memórias, no ano de 1963.
186   Encontram-se escritas algumas anotações de interesse diverso, sendo uma de caráter histórico sobre a criação do distrito: O distrito do Painel foi criado por decreto do governo provisório n.º 5 de 27 de maio de 1890, e outras quatro de caráter pessoal, conforme será registrado mais adiante. Encontram-se também copiados vários aforismos.

O primeiro registro, datado de *setembro de 1914,* é uma crônica de festa – *Um casamento no sítio* – escrita em *Campo de Dentro,* local de nascimento do autor. Os últimos registros, manuscritos no anverso da folha de rosto, configuram-se em transcrições de pensamentos, e poesias, além de informações sobre a vida da comunidade como: *A luz de Painel foi acesa, nas residencias, na noite de 24 de Agosto, de 1968, pela Celesc.* O derradeiro texto de sua autoria é a crônica *Nossa Homenagem,* datada em Painel a 12 de março de 1992.

Após esse registro, depara-se com outros, configurados em textos curtos, informativos e aforísticos[187].

Os registros memorialistas de Doutel de Andrade compõem-se de oitenta e dois textos, próprios, em sua expressiva maioria, e bem poucos de autores diversos. Para facilitar a leitura, procedeu-se a categorização dos mesmos, conforme o núcleo temático predominante em cada um[188]. O primeiro *grupo – Crônicas e produções diversas, autobiográficas e sociais* – inclui a maior parte das memórias de Doutel de Andrade, divididas em registros de cunho pessoal ou familiar, documentação de sua produção poética, descrições paisagísticas, pequenas crônicas, narração de passeios e viagens, e anotações de ocorrências diversas; o segundo – *Crônicas dos festejos em Painel* – inscreve festas de casamento e outras festas, religiosas, profanas, cívicas e particulares; e o terceiro grupo – *Crônicas e anotações do cotidiano da cidade* – compreende o registro de acontecimentos, ocorridos na comunidade e operados a partir da postura clássica de cronista.

---

187 O registro inicia-se com a crônica Um casamento no sítio e encerra-se com a transcrição de vários pensamentos, identificados ou não, com as informações sobre a instalação da eletricidade em Painel, registro supracitado, e do curso ginasial no Grupo Escolar Correia Pinto de Painel. O último ocorre no dia 13 de abril de 1970, procedido pelo inspetor regional doutor Wilson César Floriani.

188 Essas denominações são decorrentes da leitura ora efetuada, apresentando todas elas caráter relativo, pois alguns textos podem ser enquadrados tanto em uma categoria como em outra.

Dessa maneira, o caderno – *Recordações* – apresenta trinta e quatro textos, aqui nominados de *Crônicas e produções de caráter diversas, de natureza autobiográficas ou social:* vinte e cinco classificadas como *Crônicas dos festejos em Painel,* sendo cinco de casamento, uma de carnaval, oito cívicas e onze religiosas; e dezessete textos enquadrados como *Crônicas e anotações do cotidiano da cidade.*

Vale reiterar que o procedimento de categorizar os escritos de Doutel de Andrade é um recurso de ordem didática, em decorrência da mescla de gêneros que eles apresentam.

Leituras: memorialismo, autobiografia e crônicas de Painel

Os textos da primeira categoria, por sua vez, estão subdivididos em diversas espécies de registros que incluem: o nascimento dos filhos, *Nasceu a nossa filhinha Zeny, as 9½ horas da manhã do dia 7 de setembro de 1923; o* tratamento de saúde de sua esposa que *levou 1½ no Hospital Santa Isabel; a* produção literária lírica composta de várias poesias, intituladas – *Primavera, Versinhos de momento, Buscapé!, Viver dentro do ordenado e Nossa rua!...* – essa última aqui transcrita

> *Não há rua como a nossa / De largura descomunal. / Não há quem arrumar possa / Depois de um temporal! / Sendo assim tão esburacada /Tão larga como ela é / Pode até ser comparada/ Com qualquer bêco-chué!... /Mas o caso é que esta rua / Atrações tem, sem rival, / Quem à ela se habitua /Não encontra outra igual!... / Muita gente que a maldiz / Falando da sua largura, / Não vê além do nariz. / E só merece descompostura!...;*

e de poéticas descrições da região, onde passou a infância e a juventude, terra

> *... com pinheiros e outras madeiras, cortado por arroios e é limitado em três lados por rios, tendo também diversos banhados e lagoas de diversos tamanhos.*

Incluem-se nesse enquadramento várias crônicas, algumas de cunho autobiográfico e outras de cunho aforístico. Na categoria de memórias da infância, inscreve-se primeiro, de acordo com a cronologia da escrita – *"Painel d' outros tempos" Tres dias de ferias!* – que relata suas férias escolares antecipadas em decorrência de viagem do professor,

> *A escola, como todos sabem, é um lugar de contínuos sacrifícios e de uma prisão que em nada nos agrada, e depois de estarmos já há um mez nessa prisão e em estudos contínuos, não há nada melhor do que alguns dias de repouso ou ferias para o nosso espírito ainda cheio de travessuras... (15/06 /1928).*

Em O *Tempo Passa...,* reflete sobre a quadra alegre e despreocupada da infância e sobre o caráter efêmero da vida, registrando a saudade *dos dias de sol e alegria... do mundo de ilusões e fantasia, do anjo de ternura que é a mãe... (27 de março de 1961).*

Em outra subcategoria, inscrevem-se as crônicas de saudade: *Finados, Recordando e Devaneios,* a primeira, expressando as saudades de seus entes queridos e enfatizando a ausência daquela

> *fada Ma e carinhosa [...] que é a nossa mãe/ [...] e da companheira de todas as horas, aquele anjo delicado e tão cheio de ternura e amor, a mãe de nossos queridos filhos que é a inesquecível e saudosa Esposa! [...] porque o tempo passa, e com ele, vão-se as minhas esperanças e ilusões (2/11/1965).*

Recordando circunscreve reflexões sobre o despertar e o crepúsculo do dia e, em especial, sobre os pássaros a quem o narrador devota particular amor por achar neles *algo das minhas ideias que vão com a mesma presteza senão com a mesma graça*[189]. E *Devaneios* retoma a temática da passagem do tempo e da consciência de seu merecido descanso:

> [...] *Quem me visse, estirado na espreguiçadeira, diria, tenho certeza, que estou, descansando em repouso remunerado! Descansando? Perguntará alguém? E eu responderia: Não!... é que estou descansando porque já trabalhei, já atendi os servicinhos necessários para trazer à minha moradia em condições de ser habitada. (6/9/1978).*

De uma outra espécie, agora manifesta em crônica muito breve, destaca-se *Para meus filhos e Netos,* que relata a felicidade de estar completando noventa e dois anos:

> *Sinto-me um homem feliz por poder ainda governar--me, apesar de já sentir uma certa fraqueza [...] Sou muito conformado com a sorte e para meu consolo tenho o carinho e o amor de meus filhos e netos que me atendem com amor e dedicação. Ainda hoje me obsequiam com doces e salgadinhos que muito apreciei (30 – 04 – 92).*

Constam dessa categoria as anotações de ocorrências diversas, funcionando como uma espécie de crônica pessoal e familiar. Diferem um pouco dos outros registros, os autobiográficos, por abordarem informações de cunho social, nas quais o interessado e sua família desempenham papéis relevantes. Daí ser difícil, como acentuam os teóricos, uma delimitação precisa entre memória pessoal ou coletiva. Serve

---

189 O texto não apresenta data, podendo-se deduzir que o autor possuía idade avançada, na ocasião da escrita, pois a pesquisadora lembra a circunstância do memorialista trabalhar em sua horta, quando se aproximava dos noventa anos.

de exemplo, Painel, fevereiro de 1990, uma visita das Irmãs Salvatorianas, Zélia e Aluisia, e de um grupo de noviças. Da festividade, o autor e a filha participaram,

> *eu e a Lilia recebemos um convite especial que muito nos sensibilizou para tornar parte neste café. {...) Eu, apesar da minha idade avançada, senti-me alegre e saudoso recordando a época que também fui jovem e que lá se foi e não voltará mais.*

Incluem-se, também, as narrações e as descrições de viagens e passeios. Dos textos componentes dessa série, apesar de denominados *Um passeio ao Painel, Meu primeiro passeio a Florianópolis e Um passeio a São Joaquim* apenas o segundo formaliza a narração de uma viagem. O primeiro texto será enquadrado nas festas religiosas por descrever as festividades de São Sebastião e o terceiro nas festas de casamento. Pertence a essa categoria *Meu primeiro passeio a Florianópolis* que, pelo valor histórico, será objeto de leitura, pois narra e descreve uma viagem de Painel à cidade de Florianópolis, *iniciada em 13 de maio de 1916 com duração de catorze dias,* e registrada em julho do mesmo ano no caderno de recordações. O texto evidencia seu valor histórico, pessoal e coletivo, ao fixar elementos que possibilitam comparar o atual percurso de Painel a Florianópolis com o trajeto efetuado em 1914. Em 1850 não existia ainda uma estrada, mas um caminho modelado por picadas abertas a facão. No primeiro decanato do século XX, foi construída a rodovia estadual que liga as duas cidades. Em 1975, a partir de algumas melhoras, passou a denominar-se SC-282. Os moradores mais antigos de Painel atestam que:

> *antes Florianópolis era muito longe. Levava-se três dias para chegar, pois viajava-se montados em cavalos ou mulas. As pousadas no meio do caminho eram necessárias para o descanso dos viajantes e dos animais de transporte. O cansaço era grande*

devido as más condições das estradas esburacadas e poeirentas[190].

A leitura desse texto será ordenada em três etapas: o percurso, a chegada e o regresso. A primeira etapa inicia-se com as razões da viagem e a descrição sucinta da partida:

> Visto ter sido sorteado festeiro, da festa do Senhor Bom Jesus, o meu primo e amigo Daria, este resolveu ir até á Capital fazer as necessárias compras para a festa [...] Aproveitando esta ocasião de tão boa companhia e para satisfazer o desejo de conhecer a nossa Capital, eu e o meu primo Nico aderimos aos dois companheiros. [...] O dia 14 de maio foi marcado para pôr-se em viagem. Já no dia 13 eu e o Nico fomos ficar em Painel, em casa de nossos companheiros de viagem, para, no dia seguinte, sairmos.

Na sequência, a narração continua com o minucioso relato dos sucessos da viagem e com detalhadas descrições do percurso de Painel a Florianópolis. Essas descrições formam uma documentação histórica de grande valor social[191].

> Raio o dia 14 – o tempo estava ventoso e nublado, parecia ia dar chuva, mas isso não mudou nada em nosso propósito. [...] Levamos cinco cargueiros, estes iam de leve, mas nem por isso não podíamos caminhar, senão a passo, obrigados a isso pelas estradas pessimas e a viagem ser bastante longa [...] A viagem este dia foi curta, ficamos em casa do Senhor Tomaz Pereira, que é talvez quatro léguas distante do Painel, e ahi descarregamos os cargueiros n'um galpão ordinario e ahi mesmo passamos a noite. [...] Essa noite passamos mal, o galpão só tinha uns pedaços de madeiras sobre

---

190 Entrevista concedida dia 26/11/2000 às 19:00, em Painel, pela senhora Belizária Antunes (92 anos).
191 Por motivos processuais foram efetuados cortes no texto original, aqui apresentado em seus fragmentos mais representativos com relação à subcategoria a qual pertence.

as quais fizemos nossas camas; as cobertas molhadas, o que nos fez muito sofrer do frio. [...] o dia seguinte amanheceu bom o que nos alegrou e seguimos viagem. [...] Não demoramos muito alcançamos a estrada de rodagem [...] via que liga Lages ao Estreito [...] A estrada Florianópolis pode-se dizer é ornada de casas a pouca distância uma da outra; a todo momento encontra-vamos tropas e veiculas de todo tamanho e espécie. [...] Depois de caminharmos bom trecho, chegamos no Rio Canoas, onde morava um parente meu [...] e a convite dele fomos em sua casa tomar café. Daqui continuamos a viagem até o rio "João Paulo", onde pernoitamos. A casa onde ficamos está situada a beira do rio e é propriedade do Sr. Generoso Oliveira, é uma casa um pouco pequena mas de boa construção. [...] Durante esta noite ainda passamos frio; o termômetro estava alguns graus abaixo de zero. Ao amanhecer acordamos para continuar a viagem, estava tudo coberto de gelo, era um dia rigorosa de frio, o céu estava muito enuviado, soprava um vento rijo que nos gelava o sangue e em vão esperávamos a salda do sol. [...] Após o sol aparecer e a temperatura ficar mais suportável, montamos novamente a cavalo/ O que notei nessa minha viagem, é que os moradores da beira da estrada diferem muito em seu exterior dos daqui: lá predomina o cabelo ruivo e não raro se vê crianças de cabelos da côr do algodão, o que prova indubitavelmente a descendência da raça alemã; também cai em vista que as construções das casas são de tijolos enquanto aqui emprega-se quase somente a madeira.As janelas de muitas casas são enfeitadas de flores e as paredes estão cobertas de plantas trepadeiras que é um uso inteiramente alemão. [...] Viajamos o resto do dia, e á tarde pernoitamos em Barracão. [...] Achamos o povoado em festas, já de longe ouviam-se os sons da musica, que justamente nesse instante tocava uma bela valsa.[...] O dia seguinte amanheceu claro e quente [...] tínhamos ainda mais dois dias de viagem até Palhoça. [...] Chegamos em Rancho Queimado já ao por do sol; desencilhamos n 'um galpão muito primitivo, e ai passamos a noite. [...] Este lugar aqui é uma pequena freguesia com meia dúzia de casas. Depois de prosearmos um pouco n 'uma casa de negócios, famas procurar o descanso. [...] Fizemos uma pequena madrugada, por ter até Palhoça ainda a distancia de 52 quilômetros. [...] Passamos pela freguesia de Cedro [...] A freguesia tem casas de um aspecto sólido, vi duas assobradadas e também alguns chaletes que muito contribuem para o embelezamento de uma povoação; os moradores desse povoado são, como das outras localidades já descritas, de origem alemã. – Logo adiante passamos pela povoação de Santo Amaro; as casas desta não são nem boas, nem bonitas, só a Igreja que domina o lugar é de uma boa e bonita architetura e, deixando contudo aparecer mais pobres as casas mal feitas que a rodeiam. [...] Finalmente chegamos à Palhoça: é uma pequena cidade situada a beira do mar, é de pouca vista porque fica atraz de montes. [...] Fiquei pasmado ao avistar o mar, era a primeira vez que o via e fiquei mesmo encantado com o panorama que se descortinava ao longe? Acostumado que era só ver cochilhas de Campos, aquilo me impressionou e puz-me a meditar quanto é pródiga a Natureza que nos apresenta tantas coisas maravilhosas, criadas pelo Divino Criador, para que a vida humana torne-se mais bela e atraente/ Ao longe avistava-se algumas lanchas que andavam a serviço mar afora... [...] Após uma boa refeição, antes da partida para o Estreito; fomos ao alfaiate para passar á ferro nossas roupas, e em seguida procuramos uma barbearia para cortar nossos cabelos e barbas que haviam crescidos com a viagem. [...] Enquanto aguardavamos a chegada do carro que nos levaria ao Estreito, fomos dar um giro pela cidade [...] Os moradores desta cidade são, quasi na totalidade, brasileiros e alemães. Aos moradores da Costa do

> *mar, nós usamos dar o apelido de "Barriga-verde"; são eles, em geral, magros, de uma cór amarelada, dizem ser isso motivado pelo extremo uso que fazem da farinha de mandioca: o tal pirão! – Também o dialeto d'eles difere do nosso, usam eles falar em geral cantarolando e tem muitas palavras, que aqui, para os nossos lados, são desconhecidas. – Já há noite fomos procurar descanso. [...] eu quasi não dormi: sonhei que já estava vendo a bela e risonha Florianópolis.... Levantamos muito cedo e aprontamo-nos pra irmos á Capital, poucos minutos após, veio o carro e puzemo--nos a caminho; o carro era puchado por dois cavalos que trotavam perfeitamente. [...] Passamos pela cidade de São José, que está também situada á beira-mar, com belíssimas praias. Nada reparei sobre a construção das casas, porque o carro que nos conduzia passava de pressa e não foi possivel observá-los [...] As nove horas chegamos ao Estreito, descemos do carro em frente ao trapiche municipal, onde já esperava uma lancha á vapor, que pela paga de $ 200 reis, leva os passageiros á Capital e visse-versa. [...] Confesso, aqui, que subi pela convez com algum receio, pois era a primeira vez que me vi flutuando sobre as ondas do mar, d'esta superfície imensa d'agua que aqui está encanada entre duas terras, formando o tal "Estreito".*

A partir desses registros – que ocupam dezesseis páginas escritas em caligrafia de belo talhe – inicia-se a narração e a descrição da chegada à Ilha de Santa Catarina, ocupando, igualmente, dezesseis páginas:

> *– Dez minutos depois, desembarcamos no Trapiche do lado oposto, na Ilha, e transposemos uma bela praça ornada de um jardim, o jardim Oliveira Belo, logo adiante á frente do Hotel Macedo, "o preferido dos lageanos", [...] O edifício desta hospedaria consiste de um rez-do-chão e dois andares: o primeiro é ocupado por duas lojas de fazendas, d'um e outro*

lado da entrada [...] O hotel tem iluminação elétrica, fornecida pela iluminação pública. Eu já havia visto falar desta luz, mas foi esta a primeira que tive ocasião de ve-la em prática. Quando será que a luz da civilização chegará até aos nossos recantos, para substituir a primitiva vela de sebo e a lamparina por esta luz moderna e maravilhosa?!... Quando virá a época, para nos, de não estarmos mais obrigados a buscar a agua no poço, mas ter ela encanada dentro das nossas casas, como tive ocasião de ver agora!?... [...] Depois de trocarmos roupa, descemos afim de almoçar, que já era chegada a hora. [...] Principiamos a refeição com uma sopa de camarão, o único que aproveitou deste prato, foi o Zeca, nós outros apenas provamos. Não sei se foi por nunca ter saboreado este crustáceo, que ele não agradou ao nosso paladar. O segundo prato, peixe ensopado, teve quasi a mesma sorte, isto é, voltou quasi inteiro. Com o terceiro prato fomos mais feliz, pois este era composto de carne guisada e carne frita. [...] A sobremesa foi nos servido goiabada com queijo extrangeiro e por fim uma chicara de café da ilha. [...] Depois do almoço, com pouca demora, fomos á casa comercial dos Srs. Otto Ebel e Cia, comerciantes de louça a varejo e por atacado. [...] As lojas da Capital têm um aspecto muito diferente das de Lages ou Painel [...] Reparei que os diferentes ramos de negócios, são espalhados por casas especialisadas [...] A casa onde o sr. Dario ia fazer as compras é um sobrado de boa architetura. [...] O Dario e o Zeca foram escolhendo os artigos que achavam mais proprios para o leilão. [...] Quando terminamos as compras, já passava de duas horas da tarde. A conta feita e depois de termos encomendado o encaixotamento, voltamos ao nosso hotel. [...] Logo a seguir fomos a casa dos Srs. Cari Hoepeck & Cia, comerciantes por atacado, e uma das maiores firmas do Estado [...] A escolha começou pelos tecidos de menos preço [...]

> Pois o nosso caboclo não gosta de luxo, e por isso fabrica suas roupas do tecido mais barato. Fosse ele um vaidoso e então as nossas compras teriam sido outras [...] De volta ao hotel, o jantar já nos esperava [...] Terminado o jantar resolvemos ir ao Cinema, assistir ao filme que anunciava ser bom. [...] Representava-se a fita intitulada: O "Trem em Chamas"; é um drama da vida real que muito me impressionou. [...] Ao sairmos do Cinema fomos á um café "Café Familiar" para tomarmos um cafezinho. [...] Já havia visto falar em café, mas jamais tive ocasião de frequentar um tal. – A nossa demora aqui não foi muita, logo procuramos nossa hospedaria e fomos tratar de dormir. [...] Lembreime, então, que existe a crença ou superstição, que os sonhos da primeira noite, n'um lugar estranho se realisam. Contudo, na manhã seguinte, não me recordava de sonho algum; tinha só a certeza de ter dormido esplendidamente e quando m'acordei o sol já ia alto! [...] Ainda voltamos á casa Hoepcke para o sr. Zeca completar as suas compras, o que logo terminou, e assim, o verdadeiro motivo da nossa viagem estava realisado; podíamos pois, empregar o resto de nossa estadia na Capital, á nosso bel prazer. [...] Ainda lembramo-nos de aproveitar a oportunidade, para tirar nossas fotografias, visto que em Lages o fotógrafo não é dos melhores. [...] O resto desta tarde, fomos dar um passeio de automóvel pelas principais ruas da cidade; foi a primeira vez que pisei ri'um veículo deste genero. [...] A noite fomos novamente ao Cinema assistir outro filme, que tratava d'um `Milionário Americano" [...] Na manhã seguinte, depois de pagar nossas despesas, despedimo-nos do hoteleiro, embarcamos novamente na lancha a vapor e atravessamos o canal do estreito.

É válido acentuar o caráter cultural (histórico e social) desse registro memorialista em relação ao ritmo de vida e às edificações mais representativas da cidade de Florianópolis. Na sequência, iniciam-se os procedimentos narrativos da temática do regresso, elaborados em pouco mais de duas páginas. A rapidez do contar a volta à Painel, é explicável em virtude da repetência do trajeto e a consequente perda do caráter de singularidade da travessia.

> *[...] Muitas carros ali esperavam os passageiros, tomamos um e rumamos até Palhoça, onde haviamos deixado os animais. [...] Amanheceu quarta feira, era o dia de nos seguirmos viagem de volta: terminaram os dias de alegria e prazer que passamos na Capital, tínhamos, pois, de cavalgar novamente os nossos jumentos. [...] A nossa viagem deu-se pela mesma estrada que tínhamos vindo e cuja descrição já dei a mais fiel possivel. [...] O tempo agora estava mais favorável, não passamos tanto frio como na vinda, e choveu só durante uma noite, é verdade que era mais penosa a viagem porque os animais iam mais carregados, e tínhamos o trabalho, duas vez ao dia, de carrega-los e descarrega-los. – A nossa viagem de regresso passou sem acidente, e Domingo, á tarde, estavamos chegando em Painel, depois duma ausência de catorze dias. Com a nossa chegada, logo fomos abordados, de todos os lados, com perguntas e respostas sobre a nossa viagem, a todos nos satisfazia contando as belas paisagens da estrada, e as maravilhas de Florianópolis, uma das ilhas mais bonitas do Brasil!... No dia seguinte vim para casa, no sitio, onde repetiram-se novas perguntas e respostas, e assim terminou, este inesquecivel passeio que jamais esquecerei. – Campo dé Dentro, julho de 1916. (a) D. Andrade.*

Em *Confiteor*[192], Paulo Setúbal narra uma viagem de percurso idêntico, efetuada por meio de transporte diferente,

---

192   SETUBAL, Confiteor, p. 143. É interessante registrar a ocorrência de um episódio sobre Paulo Setúbal no livro de Ecléa Bosi, p. 196

o automóvel. Essa viagem foi realizada em junho de 1920, quando Setúbal retornava a São Paulo, após uma permanência de dois anos em Lages. Ao cotejar ambos os textos, vale consignar que Setúbal destaca o fato da viagem de automóvel principiar a ser feita naquela época e cujo transcurso levava três dias, em contrapartida a *duração de catorze dias* da viagem de Doutel.

Fragmento do texto de Setúbal é transcrito abaixo,

> *[...] Três dias que não acabavam mais a subir e a descer morros, tendo diante dos olhos uns panoramas deslumbradores, é verdade, mas tendo debaixo do automóvel a estrada a mais sinuosa e a mais buraquenta do mundo inteiro, sobre a qual ia a gente socada, pilada, arremessada de tal jeito que, meu Deus, ao desembarcar um cristão em Florianópolis, lá se via o desgraçado com os fundilhos em cacos mais morto do que vivo, a berrar por uma boa salmoura.*

Embora escritos em diferentes linguagens, manuscrita uma e impressa a outra, e em diferentes estilos, encomiástico um e o outro satírico, os textos *Meu primeiro passeio a Florianópolis*, de Doutel de Andrade, e o episódio de avareza em *Confiteor*, de Paulo Setúbal, fazem a narração da mesma travessia sob óticas diversificadas[193]. Na narrativa de Paulo Setúbal, bem mais concisa, a viagem é cenário para destacar o relato de um triste comportamento humano, a avareza, protagonizado por um fazendeiro lageano muito rico com o qual viajava o narrador. Em contrapartida, o texto de Doutel de Andrade demonstra o fascínio do moço do interior pela viagem primeira à capital, quando tudo é motivo de alegria, da partida ao retorno. As dificuldades do trajeto não diminuem o entusiasmo do narrador. Em sentido oposto, a narrativa de

---

193   A narrativa de viagem, embutida na lembrança de um episódio de avareza, consta do capítulo XVIII de Confiteor, p. 143 – 152.

Paulo Setúbal testemunha o descontentamento pelo desconforto da travessia e por encontrar-se em uma região primitiva longe dos centros urbanos maiores. Para Setúbal, a viagem torna-se inesquecível pelo contraste entre o comportamento dos caboclos – *bondosa gente, generosa gente, desditosa gente* – que tiveram com os viajantes, *liberalidades* rasgadas, e a avareza do fazendeiro capaz de retribuir a generosa hospedagem dos caboclos com apenas *um níquel de quatrocentos reis*.

Ao comparar os textos, percebe-se que a narrativa do primeiro é efetuada por um narrador jovem, dezesseis anos, entusiasta do paisagismo de sua terra natal e da novidade do percurso; e a narrativa de Setúbal é configurada por narrador experiente que conhece diferentes paisagens. Uma outra diferença diz respeito à intencionalidade. O ato de narrar em Doutel de Andrade objetiva um único leitor, ele mesmo, e registra a passagem de um momento feliz sem a intenção de dar conhecimento ao público. Já Paulo Setúbal escreve suas memórias, para a leitura coletiva como suas outras publicações, todas de grande aceitação popular. Porém, ambas as narrativas são registros de uma reconstrução do passado que, para Halbwachs, já vem alterada pela interiorização. Destaca-se o fato de ambas as viagens ocorrerem no inverno com um intervalo de apenas quatro anos entre *o passeio* de Doutel de Andrade e a *travessia* de Paulo Setúbal. Vale registrar, ainda, que *Confiteor* contém memórias não conclusas, em virtude do falecimento de Setúbal, ocorrido em 1937, e encontradas *no fundo de uma gaveta em rascunho, sem correção*[194]. O texto foi publicado alguns anos após a morte do autor[195].

A segunda categoria – *Crônicas dos festejos em Painel* – compreende um número superior de textos, que registram os acontecimentos festivos da cidade, em sua maioria operados a partir da postura de cronista.

---

194 Informação contida na apresentação da 12ª ed., efetuada por Lourenço Dantas Mota em abril de 1983.
195 Em 1950, foi publicada a obra completa de Paulo Setúbal, da qual consta o texto póstumo, Confiteor.

Com base nas pesquisas teóricas sobre a temática das festividades, em particular a leitura de *Mito e Metafísica,* de Gusdorf, é possível estabelecer um liame dessa teoria com as festas ocorridas em Painel. Nas cerimônias religiosas, o espaço mítico presentifca-se na repetência dos gestos rituais. As festas carnavalescas apresentam o caráter de *mundo às avessas* quase idêntico aos festivais carnavalescos da Idade Média, quando ocorre a permissão de atitudes proibidas no dia a dia como abusar da comida e da bebida, além de exagerar no rir e dançar, sem a preocupação com o julgamento dos outros. Assim, as datas festivas são formas de identificação cultural de uma comunidade.

O primeiro bloco dessa categoria – *Festas de casamento* – é composto dos seguintes registros: *Um casamento no sítio,* ocorrido no *Municipro de São Joaquim, à beira do rio Caronas* em dez de setembro de 1914, e escrito em Campo de Dentro no mesmo mês e ano; *Painel / Consorcio, fato acontecido em doze de maio de 1945* em Painel, escrito em *13 de maio de 1945,* destacando o ato civil celebrado *nos salões do Clube 1º de Junho onde foi servida farta' mesa de doces e bebidas aos inúmeros convidados, tendo saudado os noivos, o jovem Bacharel Samuel Arruda Melo que pronunciou um belíssimo discurso, sendo muito aplaudido; Painel / Consorcio,* relato da ocorrência de um casamento celebrado *no dia 25 do corrente* com a cerimônia civil *acontecida nos salões do Clube 1º de Junho, onde foi oferecido aos convidados, pelos pais da noiva, farta mesa delírios doces e bebidas;* e, por último, o texto *Painel doutros tempos (um casamento do sítio)* que merece uma leitura mais cuidadosa.

Esse texto, de julho de 1928, narra todo o ritual de um casamento de *caboclo,* capaz de transformar *a calma e monótona vilasinha, em estado festivo:* pela manhã *o pipocar de rojões marca a* chegada de *cavaleiros montados em fogosos ginetes, senhoras fustigando seu cavalo com o clássico "prateadinho" e o* cortejo da noiva *chega sempre primeiro, apeia-se em uma determinada casa a* espera do noivo; na sequência, o constante *som de uma velha gaita de foles que geme, sem cessar, dia e noite e* encontro das duas comitivas que *depois de trocado os cumprimentos do estilo, forma-se uma caravana, e com o noivo à frente, dois a dois, dão entrada na praça;* também, o contínuo acompanhamento dos foguetes *e os gemidos da velha gaita, toda rota já pelos anos que conta de tão laboriosa tarefa,* a *realização* da cerimônia *no cartório ou na casa da noiva com as cerimonias habituais* e, por fim, a tão esperada festa com

> *os serventes trazendo bandeijas com deliciosos e apetitosos doces e ótima cerveja "Antártica", "Brahma" ou "Clarinha", e que são recebidos com verdadeiro entusiasmo pelos convivas [...] os pais da noiva são incansáveis em obsequiar os numerosos convidados [...] para a noite é projetado animado baile que, na forma do costume, se prolonga até altas horas da madrugada.*

Vale lembrar que, pela tradição romana, o casamento é um ato doméstico cujo rito básico não era a cerimônia nupcial, mas a promessa de casamento, uma precursora longínqua do noivado atual. Talvez, como uma reminiscência dessa tradição, a cerimônia de casamento em tempos mais antigos celebra-se na casa da noiva, onde se reuniam parentes, testemunhas e convidados. O clero passa a fazer parte essencial da cerimônia de casamento em data posterior à instituição do sacramento, em virtude de ser reconhecido como um sacramento autoministrado. A partir dessa nova postura, a cerimônia tende a deslocar-se da casa da noiva para uma igreja[196]. Curiosa é a observação da mesma trajetória nos casamentos em Painel. A mudança processa-se por outras razões, pois as más condições das estradas tornavam

---

196 VAINFAS, R. Casamento amor e desejo no ocidente cristão. 28 ed. São Paulo: Ática, 1992, p. 20, 27, 30 e 36.

mais fácil a ida do sacerdote à casa da noiva do que a noiva e sua comitiva apresentarem-se à igreja mais próxima. Esse registro exemplifica bem seu caráter de memória, quando o olhar se detém no acontecimento, registrando e guardando apenas as lembranças significativas. Contudo, a ele pode ser emprestado a grandeza do testemunho na colaboração íntima e solidária entre o escritor e sua cidade[197].

As crônicas mais antigas que falam de casamento *Um casamento no sítio – 1915, Um passeio a São Joaquim e Painel D 'outros tempos (Um casamento do sítio – 1911)* são mais *minuciosas,* descrevendo todos os preparativos do casamento. O primeiro, como uma espécie de conto, recua até a chegada de três dentistas em Painel. E tanto o segundo quanto o terceiro texto trazem uma pequena introdução antes do início da descrição do evento. É pertinente a observação de tuna técnica diferenciada entre os relatos mais antigos e os relatos mais recentes, os últimos limitam-se ao simples registro jornalístico sem detalhar a festa de casamento e os preparativos. *Painel Consórcio* é a denominação idêntica para duas crônicas de casamento, uma escrita em 1945 e outra, em 1946. Provavelmente, a falta de detalhes informativos dessas crônicas reside no fato dos registros mais antigos do memorialista serem escritos com o intuito de documentar momentos marcantes de sua vida. Já as últimas são escritas para o jornal *Região Serrana,* com o objetivo de noticiar o "consórcio". Por outro lado, há também o fator idade que interfere na estrutura e no teor da narrativa. As primeiras revelam as impressões de um adolescente, participante dos festejos e com eles empolgado; as últimas, revelam o homem maduro que se mantém distanciado do evento na postura de cronista. Pode-se, de igual modo, pensar essa diferença a partir do pensamento de Antonio Candido sobre as modificações ocorridas nas crônicas de José de Alencar que foram "encurtando" e ganhando

---

[197] Recorre-se aqui ao pensamento de Halbwachs, citado no capítulo teórico.

certa gratuidade, certo ar de quem está escrevendo à toa, sem dar muita importância"[198].

Do segundo bloco – a *Festa profana* – consta apenas de uma crônica, *O Carnaval de 1925 em Painel*, cujo registro é datado de 23 de fevereiro[199]. Doutel de Andrade descreve a festividade carnavalesca na qual participa como membro da diretoria do clube. Talvez esse enfoque possa explicar o detalhamento descritivo. Essa crônica apresenta características estéticas de texto literário e, ao mesmo tempo, de testemunho do ritual da festa. Primeiro, *já alguns dias antes do baile, o movimento de fantasiados era intenso*, o registro da preparação com o animado *Ze-Pereira*. Na sequência, descreve em traços gerais os *freis dias, consagrados à Folia com os mascarados exibindo esquisitas fantasias e gozadas criticas*, salientando a participação *com verdadeira arte* dos senhores *M. Costa e T. Araujo* na paródia *aos colonos italianos*[200], e consignando o avultado *numero de famílias vindas dos sítios para assistirem à essa "batuta folia", que pela terceira vez realiza-se aqui nos salões do Clube 1º de Junho, com grande sucesso!....* A narrativa destaca a segunda – feira de Carnaval, [...] *o dia do baile ansiosamente esperado, principalmente, pelas moças com os seus corações 'um forte tic... tic... tic "ansiosas por verem-se cercadas d'um lindo Pierrot a jurar-lhe n 'uma febre carnavalesca, um eterno amor!...,* a entrada do bloco *"Lirio Branco"* entoando o seu hino, letra do sr. *Deca Madruga*, e as *serias e renhidas batalhas de confetes e lança-perfume*, a orquestra *regida pelo maestro J. Daniel, executando marchas e belos tangos*. E, por fim, *o discurso do sr Deca Madruga sobre assuntos mefistofelicos, o que provocou prolongadas gargalhadas na assistencia, sendo seguido pelo apreciado orador M Costa*

---

198 CANDIDO, A crónica, o gênero..., p. 15.
199 A leitura não permite identificar se foi quarta-feira de cinzas ou outro dia qualquer depois das festividades.
200 Vale destacar que a presença mais forte do colono italiano nessa região ocorre na década de 50 com a instauração do Ciclo da Madeira, na localidade de Casa de Pedra. Iinformação fornecida por Humberto Oliveira, mestrando em História na UFSC.

que com um comico e espirituoso discurso, referiu-se a heróes e tribunos da categoria de um Frederico Carancho, João Batata, Zé Baxeiro e outras celebres personalidades "Jecas". Registra, também, que o baile prolongou-se até altas horas da madrugada. Do baile de terça-feira gorda, traça minuciosamente a entrada do *Cordão Lírio Branco no salão da festa depois de percorrer as ruas e,* finalmente, o término da festa efetuado com *animação e cordialidade do saudoso Carnaval de 1925.*

É provável que Doutel de Andrade tenha registrado somente este baile de carnaval pelo fato de ser, na ocasião, secretário do clube. De acordo com alguns moradores de Painel, muitos outros bailes de carnaval aconteceram no Clube 1º de Junho, porém a falta de outros registros pode ser imputada, também, à circunstância do memorialista não apreciar muito esse tipo de festividade. Daí talvez a razão, pela qual essa espécie de crônica não ser marcada nem por sua presença nem de sua família, ao contrário do ocorrido em outros registros de cunho social. Aqui novamente o caráter memorialista marcado pela dimensão da experiência pessoal.

O terceiro bloco refere-se às *Festas cívicas,* sendo composto por textos de temas diversos, merecendo destaque aqueles relativos às festas escolares e às celebrações cívicas.

No caderno, o registro das festas escolares não observa a ordem cronológica o que evidencia a existência de outro caderno anterior. No total, as descrições dessas festas são quatro: a primeira ocorrida cm dezembro de 1949, a segunda, em 30 de novembro de 1946, a terceira, em 5 de dezembro de 1948 e, a última, em de 19 de dezembro de 1950.

O texto *Encerramento do ano escolar,* datado de dezembro de 1949, narra e descreve a formatura da quarta turma, composta de *seis jovens,* do Colégio *Correia Pinto da* então Vila de Painel, em suas etapas principais, desde a missa de ação de graças, oficiada pelo *zeloso vigario Padre Antonio Trivelin,* – passando pela solenidade da entrega de diplomas ocorrida no *Clube 1º de Junho que se achava artisticamente ornamentado,* e pelo registro *do uso da palavra* pelo *paraninfo da turma Professor Mauro Farias que leu um substancioso discurso e, pelos diplomandos falou a complementarista srta. Cândida Velho –*, até chegar à descrição *da Soirée oferecida à sociedade painelense, pelos jovens diplomados.*

O cronista acrescenta algumas reflexões sobre a pequena margem de matrícula nesse estabelecimento de ensino, pois *os srs. paes preferem contratarem professores que mal tem feito o quarto ano primario.* Além disso, aponta a existência no Grupo de *uma Caixa Escolar que sempre atende aos alunos pobres, distribuindo material escolar e até roupas.* Novamente o aspecto testemunhal dessas memórias que findam por construir a história da cidade.

Em *Grupo Escolar "Correia Pinto",* datado de 30 de novembro de 1946, historia a festividade de formatura da primeira turma de *11 alunos* do Curso Complementar, ocorrida no dia 28 do mesmo mês. A narração segue os mesmos procedimentos da anterior, acrescentando alguns dados da festa de *encerramento do ano letivo de 1946 no Grupo Escolar. A ocasião do registro é oportuna para agradecer ao grande brasileiro Dr. Nereu Ramos* a criação do primeiro Grupo Escolar em Painel.

A terceira referência dessa espécie festiva é datada de 05 de dezembro de 1948 e assinada pelo "Correspondente"[201]. O teor da crônica da formatura da terceira turma do Curso Complementar – *que vê coroado de êxito seus esforços, conseguindo seu diplomasinho* – é quase idêntico aos anteriores, ensejando aqui, também, *um veemente apelo aos poderes competentes, para que seja dado um reparo urgente no edifício do Grupo que está em pessimo estado de conservação* em particular a forração que *oferece até certo perigo aos alunas*

---

201 Doutel de Andrade participava do Jornal Região Serrana como O Correspondente de Painel.

que se acham nas respectivas salas, e ampliando o pedido para substituir o *mobiliário que acha-se em estado deploravel.*

Nota-se que quanto mais atual a produção de Doutel mais distancia-se da escrita poética e pessoal dos primeiros registros para enfatizar as necessidades de cunho social. Em outras palavras o caráter autobiográfico diminui em favor do caráter histórico da comunidade.

O último texto dessa categoria, escrito em Painel em 19 de dezembro de 1950, descreve, também, a formatura do Curso Complementar, observando o mesmo ritual das outras crônicas, diferenciando-se apenas pelo registro de um "fato" paralelo e talvez inédito no cerimonial,

> *artístico quadro de formatura, idealizado e confeccionado pelo habil artista Antonio Iglesias, aqui residente, a quem enviamos nossas felicitações pelo feliz desempenho.*

As crônicas das solenidades de formatura apresentam, como já foi destacado, a mesma estrutura descritiva como um ritual narrativo: a missa em ação de graças, a cerimônia de entrega de diplomas no clube e o baile. Esse ritual descritivo acompanha o próprio rito da festa.

Dos acontecimentos cívicos, destacam-se os registros das festividades do Dia da Pátria. A crônica *Sete de setembro* detalha as celebrações, realizadas no Grupo Escolar Correia Pinto em homenagem ao dia da Pátria[202]. O segundo registro *Sessão cívica* faz idêntico relato de outra ocasião. Ambos os textos foram publicados no jornal Região Serrana[203].

O quarto bloco é circunscrito pelas crônicas de festas religiosas. *Uma festa no Painel – carta à um amigo,* escrita em

---

202 A crônica foi escrita em Painel, porém não registra a data.
203 Há ainda dois textos sobre festas cívicas que são transcrições de discursos do Padre Antônio Trivellin, um homenageando a turma de complementaristas de 1950 da qual era paraninfo; e outro discurso escrito em homenagem a Nereu Ramos por ocasião de sua vista a Painel em 22 de agosto de 1954 – Exmo Senhor Nevar! Ramos D. D. Ministro da Justiça.

agosto de 1916, descreve com minúcias a festividade do Senhor Bom Jesus, iniciada pela missa celebrada com o acompanhamento de *uma orquestra que desempenhou-se a contento. Ao final da missa costuma-se correr o sorteio do festeiro para o próximo ano.* Na sequência, *os bailes,* sempre realizados no Clube, porém o baile dessa festa ao contrário das anteriores realizou-se *no hotel do Senhor J. Donzingues. A tarde* uma pausa é feita no baile para que se possa realizar *a procissão* que percorre quase todas as ruas da cidade. Na procissão,

> *os santos, postos em andores, eram carregados por senhoritas acompanhadas por inocentes crianças vestidas de anjos. Atraz seguia o povo em multidão. Todo o povo participou desse ato de religião.*

Vale aqui destacar a maneira harmoniosa, típica das localidades do interior brasileiro, de convivência dos elementos do sagrado e do profano.

Outro texto, *Festa do Senhor Bom Jesus,* datado de 10 de agosto de 1928, faz um relato minucioso dos preparativos e da celebração, considerando ser

> *costume tradicional festejar-se o dia 6 de agosto dia consagrado ao Senhor Bom Jesus. Os festejos começam sempre no dia 3 e compõem-se de novenas, leilões de prendas e missa solene no dia 6, dia do glorioso e milagroso Senhor Bom Jesus.*

Depois da celebração da missa na qual, segundo o cronista, *as moças não prestavam atenção,* pois *seus pensamentos* estavam voltados para o *Clube,* onde *ia realizar-se o bazar e o baile.* Uma outra festa religiosa, *a Festa de Santo Antônio*[204]*,* merece registro, por introduzir um acontecimento diferente no decorrer

---

204 O texto registra o dia 31 mas não diz o ano. As festas de Santo Antônio, na época, eram realizadas no mês de maio.

das festividades habituais, a representação do drama *Rosa de Tenemburgo,* feita por um grupo de amadores, sob a direção da professora Fausta Rath, de Lages. A crónica sobre *a Festa de São Sebastião,* escrita em 24 de fevereiro de 1942, refere-se às festividades do padroeiro da cidade, realizadas em Painel nos dias 18, 19 e 20 de janeiro de 1942. O cronista assinala que

> *a parte religiosa foi presidida pelo frei Clemente, sendo que a procissão realizada na tarde do dia 20, constituiu um dos mais belos espetáculos de fé religiosa do povo daquela comunidade. Dia 21 realizou se, no Clube 1° de Junho, elegante e animado baile que se prolongou até alta madrugada*[205].

A mesma *Festa de São Sebastião* em *janeiro de 1950* centra seu relato na organização do acontecimento e no lucro arrecadado pelo festeiro, *6.700,00 cruzeiros, entregue ao vigário da paróquia Padre Antônio Trivellin.* Ainda no quadro das festas religiosas, *o Jubileu Sacerdotal e festa de Santo Antônio,* datado de 19 de junho de 1954, conta simultaneamente a festa de Santo Antônio, realizada nos dias *27, 28, 29 e* 30 *de Maio* de 1954, e o Jubileu Sacerdotal do Padre Antônio Trivellin que exerceu durante longos anos a função de pároco em Painel:

> *De acordo com o programa estabelecido, nos três primeiros dias de festividades foram efetuados diversos oficias religiosos, novenas, comunhão geral das crianças, moças e moços e pregação feita pelo padre Teodoro Gerhardes, secretário do Bispo Diocesano que se desencumbiu da tarefa com brilhantismo. Por ocasião da Missa Solene celebrada pelo vigário jubilado, ao evangelho falou o senhor Sebastião Mello, discorrendo brilhantemente sobre o, jubileu*

---

205 O texto é assinado por Doutel de Andrade e pelo Correspondente, comprovando a publicação da crônica no jornal de Lages.

sacerdotal do Padre Antônio Trivellin; Santas Missões em Painel escrito em março de 1963, registra a passagem das Missões em Painel no mês de março de 1963 foi deveras impressionante ver-se a afluencia das famílias, em comovente espetáculo de fé religiosa, assistir as pregações de tão ilustres pregadores; Salve dez de maio de 1966 escrito em 10 de maio de 1966, relata com detalhes a visita da verdadeira imagem de Nossa Senhora Aparecida, em peregrinação pelo país; Jubileu Áureo Sacerdotal do Reverendíssimo Senhor Padre Antônio Trivellin vigário de Painel escrito em 30 de maio de 1976, registra as comemorações de 50 anos de sacerdócio do vigário, ocorridas em 30 de maio de 1976. Caso curioso e inédito, na Diocese de Lages, é que o Reverendíssimo Padre Antônio Trivellin foi o primeiro sacerdote a comemorar o jubileu sacerdotal de seus 50 anos de sacerdócio; Santas Missões na Paróquia de São Sebastião de Painel escrito em março de 1979, descreve a estada de uma semana dos padres Missionários em Painel marcadas por palestras e missas. Os paroquianos foram separados em grupos de crianças, jovens e adultos a fim de participarem dos eventos religiosos. Os Missionários solicitaram um relatório sobre as atividades econômicas e políticas do distrito e Doutel de Andrade foi escolhido para organizá-lo e transcreve-o em seu caderno de anotações pessoais. O relatório fornece dados sobre a criação do distrito, sua localização geográfica, a criação da paróquia e oferece uma visão global da situação econômica de Painel na sede existem dois armazens de secos e molhados, uma casa de produtos agrícolas, uma farmácia, um hotel e uma churrascaria, uma oficina mecânica, um posto de gazolina e diversos bares e uma fábrica de vasos de xaxim, e dois açougues, e ainda uma coletoria e posto do correio e telégrafos); Jubileu de Prata da Irmã Zélia escrito em 23 de setembro de 1984, relata a missa celebrada em homenagem à freira pelos 25 anos de apostolado.

> *Daqui, destas despretensiosas linhas, apresentamos a estimada irmã Zélia, nossas sinceras felicitações e que Deus a abençoe e a conserve em nosso meio, por muitos e muitos anos.*

A última categoria dos textos memorialistas de Doutel de Andrade é representada pelas *Crônicas e anotações do cotidiano da cidade* que compreendem, como foi afirmado antes, anotações de natureza diversa, textos de homenagens aos políticos amigos e uma quantidade expressiva de documentos que objetivam prestar esclarecimentos à comunidade painelense, alguns de crítica e outros de defesa própria.

Dessas múltiplas anotações destacam-se: a chegada do novo diretor *professor Dulfe Rodolfo, afim de assumir a Direção do Grupo Escolar "Correia Pinto";* o falecimento da *veneranda senhora Amalia Viturino de Liz [...] com avançada idade de 84 anos, [...] descendente da tradicional família Viturino,* fato ocorrido em Casa de Pedra; e o aniversário do Dr. Nereu Ramos: A *efemeridade de hoje assinala a data natalícia do grande catarinense e insigne estadista, o Dr. Nereu Ramos.* A mesma linha de registro elogioso repete-se em Vidal Ramos Jr. escrito em homenagem ao falecido político: *De minha pobre pena nada poderá sair, que pareça, nem de longe com o sentimento, com o pesar, com a dor que sentimos, pelo desaparecimento do grande amigo e chefe inesquecível.*

Ainda no âmbito das *Crônicas e anotações do cotidiano da cidade,* o caderno contém textos tanto de interesse próprio quanto de interesse público.

Em "Aos meus concidadãos", o cronista dá testemunho de sua revolta contra as pessoas[206] que o caluniaram:

> *Esclarecimento ao Povo onde, invocando os próprios sentimentos de que se acham possuidores, usaram*

---

206 O autor registra os seguintes nomes: Srs. Leandro Camargo, Bernardino Correa, Ubirajara Moreno, Virgilio Coelho e Jairo Silva.

> *termos como calúnias, mentiras, mesquinharias, baixa formação moral, maldizente, demagogo e adjetivos que lhes calha perfeitamente bem tendo-se em vista o próprio boletim. [...] Não me interessa o juizo que o fanatismo desses indivíduos faça de minha pessoa. Interessa-me, isso sim, o conceito em que me tenham os homens de bem e de honra desta terra. Painel, 4 de setembro de 1954;*

Por outro lado, em a crônica – *De Painel – o Autor* revela sua indignação pelo afastamento do diretor do grupo escolar Correia Pinto, Professor Mauro Farias, por razões políticas:

> *Há uma semana que não há aulas porque não tem quem lecione. Cinquenta alunos do primeiro ano estão sem aulas. Vinha dirigindo e lecionando neste grupo escolar, o ilustre e educador e benquiste cidadão Sr. Mauro Farias, que há quatro anos vem dirigindo o estabelecimento com zêlo, dedicação e competência geral [...] O curso que já diplomou seis turmas de complementaristas, terá, fatalmente que ser fechado por absoluta falta de professores. [...] Em compensação, por tais desmandos, observa-se nos quadros da U.D.N. local, sérias divergências, motivando até algumas discussões entre elementos do citado partido. Painel 30-4-952.*

Outro registro do cotidiano, através do olhar indignado *de um* painelense, acontece *em "Explicação Necessaria"*, quando circunstancia um abaixo-assinado que protesta,

> *[...] contra o ato do diretório distrital da U.D.N, que pediu o afastamento do professor Mauro Farias, teve o melhor acolhimento por parte da população desta Vila, que quase unânime, assinou-o de livre e espontânea vontade. Mas, acontece, porém, que os "eternos vigilantes ", reduzidos a uma insignificante minoria,*

> *como se pode ver nas /numeras assinaturas do referido abaixo assinado, onde figuram nomes de destacados elementos udenistas e pessedistas, quizeram jogar a responsabilidade e autoria do mesmo para cima dos elementos do valoroso P.S.D., os quais não foram autores, mas que de boa vontade assinaram o mesmo por se tratar de uma causa justa em que procurava defender os interesses do povo, (..) Painel, 12-5-952. Doutel Andrade – Presidente do P.S.D;*

Em *De Painel (Resposta ao Sr. Inácio Camargo)*, retoma o texto de interesse pessoal ao responder o artigo publicado pelo udenista, que o acusa de ter escrito um artigo sem assiná-lo:

> *Se não assinei o referido artigo, não foi por falta de coragem, pois esta nunca me faltou, mas simplesmente por ser uso na imprensa, principalmente em Região Serrana, onde raramente se lê um artigo assinado pelos seus correligionários. O amigo diz que eu tenho razão, na verdade tenho mesmo, porque a causa que defendo é nobre, justa e popular, pois vem ao encontro da vontade do povo, como ficou provado em um 'abaixo-assinado' que em poucas horas obteve cento e poucas assinaturas! Quer melhor prova do que esta? [...] Painel, 4-6-952. Um painelense.*

A questão prolonga-se em *Réplica ao Sr. Macio Camargo*, comprovando a existência de uma polêmica jornalística que envolve o cronista e o desafeto. A querela jornalística processa-se no jornal *Região Serrana*, conforme o texto abaixo:

> *Volta você, pelas colunas de 'Região Serrana', datada de 5 do corrente, com seus fraquíssimos argumentos, falhos de bom senso mas cheios de mistificação, com propósitos de iludir aos incautos correligionários que lhe lêm, [...] No seu artigo você só tratou de desviar o assunto, não respondendo, á pergunta sôbre avinda de professores e porque foram paralizadas, com grande prejuizo, dos alunos, as aulas do Curso*

> Complementar. [...] Você tratou-me de fuchiqueiro'
> mas quem está fazendo fuchicos' no seio da U.D.N.
> não sou eu, assim como tenho certeza que meus ar-
> tigos não envergonham o Painel, [...] E não queira
> dizer você que conheceu Rui Barbosa, pois se você
> conhecesse o imortal escritor e jurisculto, jamais es-
> creveria tantas tolices. Conhecer um escritor é uma
> cousa, mas copiar uma frase sua, é outra muito dife-
> rentes! [...] Se quizer continuar, divertindo crianças
> com suas palhaçadas, isto é lá com você, eu aqui faço
> ponto final. 20-7-952. Um Painelense;

A crônica intitulada – Eles são assim – circunscreve uma crítica ferina aos udenistas painelenses, inimigos políticos do narrador, denominados no texto como formadores da "famigerada oposição" em Painel,

> [...] Eles têm o atrevimento, a falha moral de acusa-
> rem o eminente brasileiro Dr. Nereu Ramos, símbo-
> lo de honradez, uma das maiores glórias da política
> de nossos dias, [...] Procuram eles atingir com a sua
> ir, o seu veneno e a sêde de vingança, não só vultos
> como Nereu Ramos e outros lideres, mas descem ao
> baixo nível de querer atingir até aos humildes operá-
> rios, [...] E não fica só ahi a sua sombra ameaçadora
> de mando, vai além! Atingiu, ainda, aos Professores
> do Grupo Escolar 'Correia Pinto', com ameaças de
> remoção do seu digno Diretor, o esforçado professor
> Mauro Farias, [...] porque no seu dicionario só en-
> contram as palavras: perseguição, demissão, remo-
> ção e vingança)... Fevereiro de 1951.

Um outro grupo, *Crônicas do cotidiano da cidade,* é representado por uma série de registros curtos sobre o dia a dia de Painel. Dele fazem parte os seguintes textos: *Tiro de Guerra 90* que descreve a visita desse destacamento militar comandado pelo sargento instrutor David da Costa Mende, *Pela primeira vez é o Distrito visitado por um Tiro de Guerra, o que despertou grande entusiasmo e geral satisfação na mocidade local*[207], *Professor João Mendes* que relata a passagem, por Painel, desse professor, poeta e artista *cego que vem percorrendo o Estado em missão oficial, visitando os estabelecimentos de ensino. S. S. fez uma demonstração de seus trabalhos de dobraduras e declamou algumas poesias de sua autoria que muito agradou a assistência*[208]; *Painel* que consigna a *recente criação do Curso Complementar anexo ao Grupo Escolar Correia Pinto*[209] desta Vila e a presença do ilustre professor Nilo Borghezi, a fim de *assumir o cargo de Diretor do Grupo Escolar "Correia Pinto"* 2S; *e Padre Oldemar Luz,* que registra a visita *do Ver. Pe. Oldemar Luz, que veio especialmente para celebrar a Santa Missa, em sua terra natal.* Essa crônica descreve todo o cerimonial do sacerdote, que foi acompanhado *pelos seus dignos Pais e irmãos* até a igreja

> *onde iria celebrar a Santa Missa, [...] um acontecimento de grande significado para a Paroquia, por tratar-se de seu primeiro filho, que depois de longos anos de estudos, vê coroado de pleno exito os seus esforços*[210].

Outro registro dessa categoria é *a Ata da bênção da Pedra Fundamental da Nova Igreja Matriz de Painel,* quando o cronista narra a cerimônia da bênção da pedra fundamental da nova Matriz:

> *verificou-se a solene bênção por sua Excia. O Sr. Dom Afonso Nieheus [...] S. Excia. benzeu primeiramente o local da Igreja, depois as fundações e por último a pedra fundamental. Os fiéis entoaram com grande entusiasmo o hino de São Sebastião [...] Findas as orações rituais a Comissão deu começo ao tradicional*

---

207 O texto não é datado.
208 Esse texto não apresenta data.
209 Texto datado de fevereiro de 1945, Painel.
210 Painel, 17 de janeiro de 1960.

costume de leiloar as marteladas na pedra fundamental. [...] Ressaltou a generosidade das famílias de hoje na construção da magnífica obra como exemplo imorredouro para as gerações futuras[211].

Em *A escola!*, o cronista manifesta admiração pela instituição de ensino com um discurso elogioso e moralizante:

> *Na escola é que se formaram os homens mais notáveis que figuram e poderão ainda figurar na história, nas ciências, na arte, [...] É na escola que nasce a união, aperfeiçoa-se cresce e progride na sociedade, emblema da grandeza e da civilização dos Povos* [212].

Um outro texto dessa categoria – *Painel 6 de Março de 1977* – registra a chegada das Irmãs Ana Cecilia Hubber e Ignese Maria Balbinotti,

> *que aqui vieram fixar residência, contribuindo, sem dúvida, para melhor desenvolvimento da vida espiritual da comunidade [...] As Irmãs receberam para sua residência, um apartamento completamente mobiliado, sem nada faltar, ficando elas muito satisfeitas, achando mesmo que não havia necessidade de tanto conforto*[213].

De igual teor elogioso, a crônica *Paróquia São Sebastião do Painel* presta uma homenagem à Irmã Aloisia:

> *Atualmente encontram-se residindo aqui as Irmãs Zélia e Aloisia e Neusa, verdadeiras apostolas da religião, [...] Nestas despretensiosas notas quero me referir á almejada Irmã Aloisia, que com o seu coração cheio de bondade, tem se dedicado, com todo o*

---

211 Painel, aos 20 de janeiro de 1964.
212 Texto datado de 15 – 1º – 1930.
213 Este texto não é datado.

> *carinho, ao atendimento dos doentes [...] Nestas visitas, que ela nos faz, ainda mais nos conforta, trazendo a Santa Comunhão, visto que alguns doentes não têm condições de ir á Igreja [...] Á boa Irmã Aloisia, o nosso reconhecimento*[214].

Já o texto *Inauguração do asfalto do Acesso S. C – 438 – Painel* testemunha a inauguração do asfalto da SC 438 com acesso às ruas da sede de Painel no *dia 6 de novembro de 1982, sendo uma festa maravilhosa, com enorme concorrência de pessoas, que á ela compareceram [...] na ocasião oferecido uma suculenta churrascada á população em geral, tendo sido abatidas 10 vacas oferecidas pelos fazendeiros locais. Ao ato, segundo registro, compareceram diversas autoridades, destacando-se a presença do candidato ao governo do* Estado o Exmo. Sr. Espiridião Amim Helou Filho, ex-Secretário dos Transportes e *Obras [...]. Ao Exmo. Sr. Espiridião Amim, o nosso muito obrigado, e que Deus o abençoe para sua felicidade pessoal e ao bem de Santa Catarina*[215].

A crônica de saudades, denominada *Padre Antonio Trivellin,* narra *o* falecimento desse sacerdote, ocorrido

> *no dia 14 de Maio de 1985, em Sacudo na Itália, onde tinha ido á passeio, o nosso estimado e bondoso Pe. Antonio que aqui chegou aos 22 de dezembro de 1984, onde trabalhou como pároco durante 36 anos com dedicação de sacerdote zeloso pela comunidade. [...] No dia vinte do corrente mes foi celebrada uma Santa Missa, que contou com a presença de oito sacerdotes e algumas Irmãs [...] Era intenção da comunidade da Paroquia, trazer os restos mortais do Pe. Antonio para ser sepultado aqui na capelinha, pois era a sua vontade, mas dado certos requisitos da lei italiana,*

---

214 Painel, 1980.
215 Texto datado de novembro, 1982.

não foi possível traze-lo [...] Daqui, destas humildes linhas, a nossa sincera homenagem ao tão virtuoso e estimado Pe. Antonio e que Deus misericordioso o tenha na glória dos justos[216].

Inclui-se, de igual maneira, nessa categoria o texto *Congregação da Família Salvatoriana* que testemunha o centenário da congregação e o trabalho prestado por ela às comunidades da região:

> Esta congregação, nos dias de hoje, está presente em vários paizes, onde veem prestando inestimáveis serviços á religião cristã, pelo amor á Deus! Aqui em Lages esta congregação possue a sua casa de onde atende algumas paroquias da Diocese assim como o Orfanato Nossa Senhora das Graças, prestando relevantes serviços com a maxima dedicação [...] Como prova disto temos aqui, na Paroquia de São Sebastião de Painel, morando conosco duas abenegadas Irmãs Salvatorianas incansáveis em atender com atenção e carinho á todos que ás procuram. Refiro-me ás Irmãs Zelia e Aluisia. (.) queiram nossas queridas Irmãs aceitar os nossos sinceros parabens[217].

O que se dá com os filhos de Painel é o relato da falta de pessoas graduadas em Painel, pois *os filhos daqueles que conseguiram melhores posses vão estudar em centros maiores, chegam muitas vezes a um grau superior, mas não voltam ao torrão natal,* [...] *Profissionalmente não há campo de trabalho para eles*. Buscam os grandes centros e lá se vão os melhores valores das Vilas[218]. Vale novamente o destaque para a preocupação social que fundamenta as crônicas mais recentes.

---

216 Painel, Maio de 1985.
217 O texto é datado de Painel, 13/12/88.
218 O texto não tem data.

De outra natureza o texto – *Nossa Homenagem* – documenta a triste notícia do *falecimento da querida Irmã Aloisia ou Ghigia, como era conhecida e que aqui residiu por 16 anos, prestando relevantes serviços á comunidade. Era a Irmã Aloisia uma alma sempre voltada para o bem, atendendo com amor e dedicação, aos doentes e aos idosos distribuindo a Santa Comunhão. [...] Faleceu ela com 66 anos de idade [...] É com tristeza que registramos sua morte e rogamos á Deus que á tenha na sua infinita misericórdia*[219].

Da mesma categoria, mas com registro um pouco diferenciado, têm-se uma composição e uma reprodução de uma peça oratória. A primeira, intitulada *A Guerra do Paraguai* é uma crônica que descreve as atrocidades dessa guerra,

> *Foi uma luta de cinco anos, iria dizimar quantas preciosas vidas; penosa campanha, a que forçosamente nos havia arrastado o indomável orgulho Solano Lopes*[220].

O texto – Exmo. Sr. Dr. Nilton Rogério Neves, D. D. Prefeito Municipal, Exoras. Autoridades aqui presentes! Minhas Senhoras! Meus Senhores! – reproduz em seu título as primeiras palavras proferidas no *discurso* de inauguração da Intendência de Painel e prossegue de acordo com o estilo clássico dos discursos provincianos:

> *É com grande alegria que nos encontramos para inaugurar este belo e majestoso edifício construído para a instalação da Intendência deste Distrito, alegria esta que devemos toda á dinâmica administração de sua Excia. O Sr. Prefeito Municipal, Dr. Nilton Rogério Neves, [...] Outra obra, ali está refiro-me a bela praça que a pouco inauguramos e que por inspiração de VOL. Excia e de nosso estimado Vigário Pe. Antonio Trivellin, recebeu o nome*

---

219 O texto é datado, Painel, 12 de Maio de 1992.
220 O texto não tem data

> *do saudoso Papa João XXIII. [...] Tenho dito. Muito obrigado. Painel*[221]

A crônica, *Pedro Bugre – Alguns dados sobre sua vida*, reconstitui a história do "último índio do planalto", adotado pela população de Painel por um longo período:

> *Nos últimos dias do mês de Julho do ano de 1932, regressando de Blumenau, onde estavamos com minha esposa em tratamento de saude e tendo pernoitado em Lages, no dia seguinte, como ainda não tínhamos estrada para altos, telefonei para minha avó Candida Domingues Vieira, pedindo à ela, que mandasse o seu carro de mola, único meio de transporte aquela época, buscar-nos em Lages. Então, ao viajarmos para cá, no dia seguinte, ao chegarmos nas proximidades Fazenda do Sr. Zelo Ramos alcançamos aquele rapazola, vindo apé pela estrada, e logo reconhecemos tratar-se de um índio que pela aparência parecia ter de 16 á 18 anos de idade, era ainda muito jovem. No dia seguinte ele amanheceu aqui, sendo acolhido pelo casal Zeno Andrade e Jordelina Fiqueiredo, sua esposa, e que lhe deram o nome de Pedro e a quem ele chamava de pai e mãe, prestando alguns serviços a eles, corno cortar lenha e outros afazeres, e assim com eles ficou residindo até que este casal mudou-se para Lages, e ele não querendo acompanha-los, aqui ficou até sua trágica morte. Depois da mudança daquele casal, os senhores Bernardino Correia e José Barbeiro sempre o atenderam assim como toda a população que já o estimavam. Ele merecia toda a confiança, tinha liberdade e era recebido em todas as casas onde chegava. Jamais se soube que ele alguma vêz lançace mão do alheio, sempre foi honesto. De quando em vêz dava seus passeios pelas capelas, voltando em seguida para a querência amada, onde residiu pelo espaço de 54 anos. A prova da sua estima pelos painelenses,*

---

221 Este texto também não é datado.

> *justificou-se na Missa de corpo presente, celebrado pelos Pe. Andreas e Edson, tendo a comunidade lotado a Igreja. Foi, pois, uma demonstração de que a população o estimavam, apesar, de nossos índios, hoje, serem massacrados e expulsos de suas terras*[222].

De acordo com os moradores mais antigos de Painel, Pedro Bugre e sua família foram capturados por bugreiros. Ao escapar pela estrada Painel – Lages foi visto pelo memorialista. Outras pessoas da comunidade registram o fato de Pedro apresentar marca de cordas no pescoço e de um tiro no braço. Essa última referida por ele como *"tanca-boi"*, equivalente à expressão indígena "homem tiro". É possível que a família tenha sido apreendida por Martim Bugreiro[223], pois Pedro costumava falar *tini* apontando com horror para a mata de pinheiros. Pedro resiste à cultura do "branco", não adquirindo a maioria de seus costumes, por exemplo, o de dormir em espaço fechado. Esse fato e outras particularidades sobre o indomável Pedro constam, também, do texto da professora Stela Amorim Alves.A autora observou ser talvez a religiosidade de Pedro o único laço cultural que compartilhou com o "branco", pois gostava de rezar, cantar e nunca perdia a missas nem casamentos. Sua morte abalou emocionalmente toda a população painelense e até hoje em dia pessoas comovem-se até as lágrimas, quando falam do "último índio do Planalto"[224].

> *Com sua morte, perdemos todos: a Região do Planalto, os moradores de Painel, seus amigos, os indianistas, os antropólogos, os historiadores [...]*

---

222 Pedro Bugre morreu vítima de atropelamento em Março de 1986, o ano em que a pesquisadora começou a lecionar em Painel. Este texto não é datado.
223 Martim Bugreiro de Jesus, famoso caçador de bugres no Planalto Serrano, é citado por Stela Amorico no trabalho já referenciado.
224 Assim iniciava-se o título do artigo do Padre Andreas no jornal Correio Lageano sobre a morte de Pedro Bugre. MORRE EM PAINEL, VÍTIMA DE ATROPELAMENTO, PEDRO BUGRE. O ÚLTIMO ÍNDIO DO PLANALTO. (07104/1986)

> *O Pedro Bugre partiu sem ao menos avisar. Aliás, nem ele mesmo sabia que naquela noite, es duas coisas que mais temia vinham ao seu encontro: o carro, e com ele, a MORTE*[225].

Fecha-se assim, esta unidade, concluindo que as memórias de Doutel de Andrade estão ligadas à memória do povo painelense e ao testemunho histórico da cidade. Os textos proporcionam ao leitor a oportunidade de visualizar o passado, estabelecendo um paralelo com o presente. E dar voz a um morador que testemunhou o surgimento e o desenvolvimento de Painel, como fez o Autor, é impedir que as lembranças pessoais e grupais sejam "invadidos por uma outra história, por outra memória que rouba dos primeiros o sentido, a transparência e a verdade[226].

Pelo exposto, constata-se que os textos de Doutel de Andrade oscilam entre a autobiografia e o testemunho, não abandonando o núcleo original, ou seja, a memória de Painel. De um lado, Doutel de Andrade é o escrevente de memórias, pessoal e coletiva, em forma de crônicas, de pequenas anotações sobre datas comemorativas, e de registro de pensamentos, provérbios e aforismos. De outro, por meio do relato continuo, porém não diário de suas crônicas, constrói a memória da cidade em que vive, ao mesmo tempo que registra os acontecimentos de sua vida.

É possível pensar que na desmontagem dos textos memorialistas em fragmentos temáticos, talvez tenha-se causado a perda de afetividade na redução ao pormenor, ou talvez tenha-se conservado a totalidade a partir da iluminação do pormenor.

---

225 ALVES, Painel, notas p. 39.
226 BOSI, E. Memória e sociedade..., p. 19.

À GUISA DE CONCLUSÃO:
confirmações, questionamentos e reflexões

Procissão feita pela comunidade painelense em louvor às missões, 1958.

> *A propriedade de meu pae está situada distante duas léguas da Vila de Painel e fica perto da estrada geral que vai à Lauro Muller e São Joaquim. A propriedade foi toda construída pelo meu pae, lá pelo ano de 1912, pois antes moravamos em casa de minha avó, na Fazenda da Ramada. O terreno da fazenda consiste principalmente de campos e alguns capões, com pinheiros e outras madeiras, cortado por arroio e é limitado em tres lados por rios, tendo também diversos banhados e lagoas de diversos tamanhos. (.) Á'frente da casa tem uma espaço gramado, servindo uma parte de paro e outra de jardim; faz pouco dias que foi terminado o calçamento que se estende na frente da casa e do galpão que está situado à direita da entrada, o qual contém dois quartos para os empregados. Do paro uma porta nos leva à mangueira que está voltada para o nascente; é do comprimento do oitão da casa, deixando um corredor cercado entre a casa. A mangueira é cercada de taipas e está dividida em duas, tendo uma porteira no meio; uma parte serve para a tiragem do leite para o fabrico do queijo, tendo por isso uma grande ramada, que nos dias chuvosos permite fazer o serviço embaixo da coberta, agazalhando-se da chuva e evitando o barro [...]*
>
> Campo de Dentro, 20 / 02 / 1915
> (a) Doutel de Andrade

Se o início do trabalho foi uma tarefa difícil, o término é uma empresa com igual gama de dificuldades, talvez pelo fato do encerramento ser quase sempre marcado por circunstâncias adversas. O final dessa dissertação é determinado mais pela urgência de acabar uma etapa – prolongada além do esperado e do desejado – e menos pela satisfação de concluir uma jornada. Do mesmo modo, se as circunstâncias da construção do trabalho fossem outras, elas poderiam proporcionar maior e melhor aproveitamento da leitura textual ou, ainda, propiciar uma outra configuração do corpo da pesquisa.

Dessa maneira, parafraseando a abertura do prólogo dessa dissertação, pode-se afirmar que, se todo o inicio tem uma história, todo o final tem, também, sua história. Pontuada pela adversidade, a história dessa conclusão concretiza-se agora nas *confirmações,* nos *questionamentos* e nas *reflexões* sobre a leitura dos textos componentes do universo pesquisado, textos esses que desenham a dupla face da cultura popular painelense, uma das faces ligada ao risível e outra, à seriedade.

A cultura popular, segundo Peter Burke, nasce e estrutura no seio do povo, refletindo seus pensamentos e anseios, sendo considerada como emblemática pelo grupo social. Na organização moderna da cultura, o popular se constitui por oposição ao culto. *Cada* sistema tem seus produtores – *artistas,* por um lado, *e artesão,* por outro. As disciplinas para estudá-las são também diferenciadas: *a história da arte e a estética* se ocupam da arte culta e *o folclore* e a *antropologia* da arte popular.

Aqui a cultura popular, oral e escrita, coloca-se como oriunda do povo em paralelo à cultura da elite, porém as duas englobam usos e costumes que existem nos dois meios, o popular e o erudito. Sabe-se que, nem o texto oral implica ser popular, nem o texto escrito se restringe ao erudito. Assim, tanto a cultura popular como a erudita são tendências apenas diferenciadas no seio da cultura comum. A ideia de oposição cede lugar ao reconhecimento da existência de nuanças entre elas e à noção de serem ambas manifestações culturais imbricadas. Além disso, nenhuma cultura se processa em bloco, ao contrário, toda cultura evidencia, em sua gênese e seu desenvolvimento, um caráter de heterogeneidade. E, ainda que não sejam totalmente fechadas, a cultura popular e a erudita apresentam uma certa tendência ao fechamento, sem excluir, contudo, as possibilidades de transformações. Nos últimos anos do século XX, as fronteiras interpenetram-se, as margens diluem-se e os muros desmoronam-se. Assim, as produções da cultura popular e da cultura de massa encontram respaldo valorativo na Pós – Modernidade. Porém, o desejo de transformar textos populares em objeto de estudo universitário seria irrealizável se a estética vigente não tivesse proporcionado uma releitura, agora iluminada por outras visões teóricas. Walter Benjamin, ao desfazer os elementos formadores da "beleza clássica", questiona a autoridade mística da Arte. O fato da criação literária poder ser vista como um processo cultural e social, sem valores permanentes, torna essa arte mais democrática. Tal compreensão vem conquistando espaço cada vez maior na crítica literária, apesar de alguns críticos ainda insistirem em universalizar o julgamento de autores e de obras em consonância com as codificações culturais elitistas.

Em decorrência da nova postura crítica dos tempos atuais, nesta dissertação nem se pensou a produção literária como um privilégio de gênios artísticos, imortalizados pela crítica "especializada"; nem se associou a arte literária, com exclusividade, à cultura erudita. A opção privilegiou textos populares, não impressos, alguns de autores desconhecidos e todos sem a intencionalidade de produzir obra de arte. Os tempos pós-modernos mostram um leque de outras possibilidades de autores e gêneros literários, fora dos padrões já consagrados pela estética tradicional. Em consequência, o estudo dos textos populares painelenses saem da marginalidade imposta pelo pensamento crítico elitista e recebem tratamento igual aos textos "maiores" na arte literária e nos estudos culturais, preocupados com a história do indivíduo e da coletividade.

Apesar das produções textuais apresentarem conteúdos e formas diferentes, todas compartilham da vida social painelense e registram seus usos e costumes, em destaque, os ligados às festas. Vale lembrar que para Bakthin a essência da cultura popular assenta-se nas festas.

Assim, a primeira colocação diz respeito à natureza diversificada do *corpus*, no qual se fundem os vários traços e linhas do perfil cultural de uma localidade, hoje transformada na pequena cidade de *Painel*. Paralela à diversidade genérica, firmou-se o caráter híbrido dos textos de cunho popular, alguns versificados – *Trovas, Décimas e Pisquinhos – e outros* em prosa, esses últimos expressos no registro memorialista. Todos os textos da pesquisa apresentam caráter poliédrico por mesclarem gêneros literários diversificados, manifestando as várias faces do mesmo testemunho da cultura de Painel. Um outro aspecto do problema, diz respeito a esse reunir de espécies diversas que não apresentam, pelo menos de forma explícita, a intencionalidade de fazer a memória da cidade de Painel, dimensão essa emprestada pela leitura. A despeito da especificidade de cada grupo textual, uns submetidos às regras da tradição oral (aspecto repetitivo, assunto de natureza simples e presença do bestiário – que outorga aos animais valor humano simbólico ao contrário da fábula que animaliza os humanos) e outros produzidos pela tradição da escrita do memorialismo, constata-se, em todos eles, um núcleo comum de significados culturais.

Daí ser o objetivo geral deste trabalho tornar mais evidente a forma pela qual os textos retratam, de modo diverso, a gente, os usos e os costumes painelenses, tanto nos cantares do risível, quanto na seriedade dos registros da vida cotidiana de Painel.

A segunda colocação diz respeito a recolha das teorias referenciadas na moldura teórica e as colocações pertinentes ao diálogo dessas teorias com os textos que compõem a pesquisa. A trajetória iniciou-se pelo universo do risível, com uma breve passagem pelo riso, desde a concepção de Aristóteles, resultante da ação inferior do homem, até a consolidação valorativa do riso nos tempos atuais, passando pela visão redentora que a modernidade lhe atribui. Para emoldurar a leitura das *Décimas, Trovas e Pisquinhos,* atravessei algumas teorias sobre as formas literárias do risível: o cômico, o humor e o satírico. Desse modo, a leitura das *Décimas* foi ancorada em elementos da teoria de Bergson sobre o cômico, circunscrito a algo negativo e passível de ser corrigido pelo riso. Verificou-se, também, nas *Trovas e,* em especial, nas *Décimas* a presença do cômico, do humor e do gracejo. Para fundamentar as leituras, foram levantadas várias posturas teóricas e, no decurso da leitura, utilizados os tópicos mais acentuados de cada uma delas.

Ao longo do trabalho foi verificado que a tradição satírica presente nos *Pasquins* de Painel, *cidade perdida no cocoruto da serra,* encaixou-se nas teorias de Worcester, Feinberg e Frye. Da teoria de Worcester, foi aproveitada a coincidência dos *Pisquinhos* apresentarem, em sua maioria, aquilo que o autor denominou de invectiva, ou seja, o ataque direto às pessoas ou às instituições. A teoria de Frye serviu para destacar o caráter de denúncia social dos textos lidos. A importante contribuição de Feinberg realizou-se na afirmativa de que um dos objetivos do satírico é mostrar os erros da sociedade, divertindo-se, muitas vezes, em ridicularizar sem a preocupação de corrigir como acontece em alguns *Pisquinhos.*

As referências teóricas concernentes à leitura *dos Pisquinhos ao* contrário das *Décimas* e das *Trovas* cujas leituras foram caracterizadas, em sua maioria, pelo cômico e pelo humor – são motivadas pela presença do satírico. Nos *Pasquins* de Painel, o olhar da análise não encontrou semelhanças com os sermões burlescos tão comuns na Idade Média, nem registrou a presença, pelo menos com frequência expressiva, da pornografia. Por outro lado, foi possível estabelecer uma analogia entre *os Pisquinhos* e as cantigas medievais portuguesas de escárnio e maldizer.

Finda a trajetória pelo mundo do risível, foi iniciado o procedimento de lançar um olhar pelo seu oposto, o mundo da seriedade, representado pelas memórias, autobiográfica e social, configuradas nos registros de Doutel de Andrade. A leitura desses textos privilegiou o pensamento de Ecléa Bosi e, também, as visões dos outros autores citados na moldura teórica. Essas ideias, ainda que não citadas explicitamente, foram responsáveis pelo embasamento teórico da leitura.

Demarcado os objetivos e as questões teóricas, resta chamar a atenção do leitor para a "maneira" como foi conduzida a apresentação e a categorização dos manuscritos.

Quanto as questões metodológicas de apresentação dos textos e das leituras correspondentes, vale a inserção de alguns avisos aos leitores, em virtude de não haver no presente trabalho, a rigor, um método único, mas uma instrumentalização de leitura para cada espécie de texto. O primeiro é relativo à natureza textual, pois o trabalho com documentos ainda não confirmados corre o risco da insegurança, em virtude de os mesmos poderem ter a configuração alterada com a descoberta de novos dados. Em decorrência dessas circunstâncias, adotou-se a precaução metodológica de constantes indicações da fonte de recolha dos textos em nota de rodapé. O outro, é concernente à opção pelo *corpus* de maior amplitude, fato que, em contrapartida, inviabiliza em cada unidade, leitura mais apurada. E, o último, diz respeito à operação de apresentação e de leitura textual. Em virtude do *corpus* da pesquisa ser constituído de várias espécies literárias, foram adotadas diretrizes teóricas e metodológicas – diferenciadas tanto na apresentação, quanto na leitura. São variações oportunas para desenhar com melhor precisão o mesmo perfil através de diferentes referências textuais, teóricas e metodológicas, Cada capítulo é arquitetado com a precaução de respeitar a identidade de seu grupo textual e de sua linha teórica. E, por último, são reconhecíveis nestes estudos três abordagens teóricas distintas que se relacionam entre si de maneira motivada. Assim, os estudos que compõem esta dissertação, encadeados e sucessivos, partem de um ponto inicial partilhado por todos eles – a representação da cultura popular enquanto os caminhos e os pontos de chegada dispersam-se pelos rumos diferenciados das leituras.

A partir da leitura efetuada nos *Cantares do risível,* algumas conclusões foram apuradas. Quanto às *Trovas,* estas tendem a manifestar o lado alegre das festas e, ao mesmo tempo, são versos de circunstância, produzidos aos milhares sem rigor de composição e com vida efêmera. A maior parte não chega a passar da oralidade à escrita. O ambiente capaz de propiciar sua produção é descontraído e elas são representações de episódios momentâneos e de concursos improvisados. A temática como foi vista é, quase sempre, um ligeiro comentário, um elogio alegre de admiração e respeito à mulher. Seria possível detectar nessa repetência de ternas os ecos distantes das cantigas de amor ou das cortes amorosas de tradição provençal? E essas *Trovas,* ainda que resultantes de uma realidade social de cariz popular, podem ser consideradas como textos literários, nos quais a convenção da ficção se faz presente? A resposta afirmativa parece impor-se em ambas as proposições. Vale a pena destacar que nem todas apresentara o caráter risível, porém nesse trabalho foram privilegiadas as *Trovas que* apresentaram o traço do gracejo.

Um aspecto destacado durante a leitura foi a repetência das imagens do "mundo as avessas". A partir delas foi possível ver, na conduta ridicularizada e na inversão poética do cômico e do humor, a conduta desejada pela coletividade. É uma forma diferente de manifestar a oposição entre a conduta social e a não social.

Por outro lado, constataram-se semelhanças com o cordel nordestino e com a tradição lírica popular portuguesa, conforme a analogia tecida entre os textos painclenses e a produção do "Romanceiro Popular Açoriano".

Considerando a origem portuguesa majoritária dos colonizadores de Painel, é possível pensar essas *Trovas* como enraizadas nas cantigasmedievais lusitana. Em outras palavras, há um provável liame entre essas duas manifestações da cultura popular.

A pesquisa conseguiu arrecadar um material reduzido de *Trovas,* pois a oralidade desses textos dificulta a conservação.

Configuram-se como *corpus* nessa unidade as *Décimas, Décima do Tigre Pintado, Pássaro Triste, Professores do Interior* e *Amontei no meu Cavalo.*

Os estudiosos da cultura popular assinalam a decadência da produção trovadoresca e dos jogos florais, por razões "internas" e circunstâncias contextuais. Cada vez mais essa produção de cunho popular tende a "encolher-se", e a passar para um plano secundário até o esquecimento completo.

Com respeito ao desaparecimento dessa tradição, é possível apontar, como responsável, a modernização das festas e dos bailes que trocam a antiga gaita, capaz de permitir no intervalo musical a declamação de uma *Décima,* por instrumentos musicais de som tonitruoso e dissonante. As *Décimas* faziam parte do encontro entre amigos. As pessoas, hoje em dia, preferem os programas televisivos às ocasiões de entrosar os familiares, amigos e vizinhos. Essa atitude contribuiu para o desaparecimento de um "fazer artístico", tradicional em várias regiões do interior brasileiro e transmitido de geração em *geração. As Décimas* eram apreciadas pela maioria dos habitantes da comunidade painelense em razão de seu caráter humorístico, pois o narrador gracejava de suas desventuras. Talvez o gosto pelo gracejo e pela narração de aventuras cômicas ou humorísticas não seja partilhado pelas novas gerações. E seria possível os estudos culturais revitalizarem essa tradição junto às crianças de Painel? Esta é uma das propostas desse trabalho. Além do gracejo, do cômico e do "humor", encontrados nas *Décimas e* nas *Trovas,* a arte popular painelense manifesta-se, também, pelo viés do risível, em textos conhecidos como *Pisquinhos. A* leitura destes motiva questionamento de outra natureza, pois das formas escritas em versos que lhe são vizinhas *(Trovas e Décimas), é a única* que permanece na cultura popular de Painel. Qual a razão ou as razões de tal permanência ? Talvez pelo fato de revelar com mais intensidade os costumes da região. Ou, talvez, pela circunstância de suas raízes serem mais profundas no substrato cultural dessa comunidade. De qualquer forma, *O*

Pisquinho não só sobrevive, como acompanha as mudanças, motivadas pelo decurso do tempo. A leitura dos textos, que formam o inundo risível na cultura popular da região, permitiu um confronto entre o riso das *Décimas* e o riso dos *Pisquinhos*. A partir dele, é possível encontrar-se um outro motivo para a continuidade dos *Pisquinhos: o fato* do *gosto* popular brasileiro afinar-se mais com o satírico e menos com o cômico ou com o humor. Inventar histórias em versos sobre animais e pessoas em situações humorísticas pode ser menos interessante do que ridicularizar a conduta humana considerada pouco desejável. Ao enfocar os *Pisquinhos,* verificaram-se algumas mudanças sofridas com o passar dos anos. Essas ocorrem em relação às técnicas de sua produção e à frequência temática apresentada pelos textos.

De acordo com o exposto no *corpus* do trabalho, esse "fazer artístico" da cultura painelense é transmitido, com maior frequência, de geração em geração, como uma produção familiar, sem, contudo, excluir a possibilidade de produção isolada. O tecido anônimo desses textos, aos olhos e aos ouvidos dos nativos da região, é um tanto transparente, ainda que a revelação da autoria careça de evidências concretas. Constata-se que, de 1940 a 1977, os *Pisquinhos* apresentaram, de maneira quase igual, o tema da festa e o da política; e, de 1977 a 2000, passam a ser dedicados, preponderantemente, à política. Havia, segundo informam os antigos moradores dessa localidade, um outro tipo de *Pisquinho* cuja temática era a maledicência. Talvez pela crueldade como atingiam a vida pessoal de alguns habitantes, a maioria deles foi destruída, restando apenas alguns fragmentos conservados na memória dos moradores mais antigos.

Quanto à produção quantitativa dos folhetos, essa costumava ser mais frequente no passado, constatação que se baseou nos testemunhos dos moradores mais antigos e na totalidade da documentação levantada. O fator de maior produção foram as eleições municipais, responsáveis pela quase totalidade dos textos. Destacou-se, durante a leitura, esse produzir quase contínuo no período anterior às eleições de 1995 e 1996, quando foram elaborados quinze *Pasquins. Apesar* da promessa de continuar, feita em 1997, a produção cessou a partir de agosto do mesmo ano. A tradição ressurge em 1999, com apenas um número por ocasião do *Painelaço, e* confirma-se, no ano seguinte, quando é produzido um outro número, referente ao mesmo evento festivo. Cabe aqui pontuar um aspecto paralelo expresso no retorno à prática de ridicularizar as festas e seus organizadores muito frequente nos primeiros *Pisquinhos,* coletados para a pesquisa. Assim, os textos lidos confirmam a irregularidade desse "fazer artístico", cujo intervalo entre as produções pode variar de um mês ou de vários meses; de um ano ou de um período maior.

Nos *Pisquinhos,* o olhar de análise não encontrou os temas satíricos do medievalismo português, constantes do Cancioneiro Geral, como a pornografia desmedida, a paródia ao sagrado ou a paródia aos sermões religiosos. Da mesma forma, não apresentam semelhanças com os sermões burlescos tão comuns na Idade Média, nem quaisquer traços de ataque satírico ao sagrado. Talvez essa ausência possa ser atribuída ao caráter religioso da população ou ao medo do poder clerical ainda forte em algumas regiões do interior brasileiro. Um satírico moderado é o que se constata nos *Pisquinhos,* que configuram o universo da pesquisa. Em quase todos há uma certa observância de limites só rompidos, às vezes, em textos que satirizam os políticos.

Encontrar a data exata do início dessa prática em Painel e a hipótese aceitável para explicar sua eclosão nessa localidade são tarefas que a pesquisa não conseguiu cumprir. Trata-se de procedimentos que dificilmente poderiam ser determinados. Com muita probabilidade, antes de manifestarem-se em "ato escrito", os procedimentos já existiam em potência no folclore que expressa a formação cultural desse território. E aqui se esboça um outro questionamento: ou ele é um ato folclórico, moldado nos usos e costumes típicos de domínio isolado, ou é um resquício das cantigas de escárnio e maldizer portuguesas, tradição chegada a essa localidade através da propagação oral. Ou, talvez a fusão das duas hipóteses. É válido destacar que essa prática, mesmo escrita, assenta-se no passar além, pela memória coletiva, e no labor construtivo de várias gerações, pois a criação artística não nasce isolada no tempo e no espaço, mas é determinada por fatores, circunstanciais e históricos, diversos.

Tendo em vista a constatação das diferenças de construção poética entre os primeiros folhetos, que apresentam uma estrutura elementar, e os textos mais recentes, que apresentam um maior grau de feitura, foi possível verificar que a autoria dos últimos pode ser atribuída a alguém ou a alguma família com conhecimento das técnicas de composição poética das cantigas medievais portuguesas, conforme buscou-se destacar no decorrer dos procedimentos de leitura.

Apesar de não constar dos objetivos específicos de nenhuma das unidades de leitura, é possível apurar com relação aos *Pasquins* de Painel, algumas conclusões concernentes à linguagem, pois nela comprovam-se a forte influência da oralidade e a presença de termos do cotidiano do planalto serrano, vocabulário marcado pelo trabalho e pela luta contra os invernos cruéis. Porém, os fatores de maior relevância formal dos *Pisquinhos são as* marcas de uma feitura repetitiva quase sem originalidade, um certo primitivismo de composição, e a forte influência das rivalidades político-partidárias o que pode explicar a frequência dos temas de rivalidades político-partidárias, bem ao gosto de populações afastadas dos grandes centros urbanos.

Na leitura seguinte, muda-se o olhar para os textos memorialistas cujo ponto axial oscila do "eu" aos "outros", incluídos ambos na construção de outra face da cultura de Painel.

As memórias de Doutel de Andrade – todas escritas em forma de diário e confirmadas em traços autobiográficos, crônicas e anotações diversas – retratam a vida simples do povo painelense, quando as festas, religiosas ou profanas, e os acontecimentos do cotidiano são merecedores de registro. O narrador resgata por essas memórias a história pessoal e a história do município e da gente de Painel.

Os registros de Doutel de Andrade compõem-se de oitenta e dois textos, próprios, em sua expressiva maioria, e bem poucos de outros autores. Para facilitar a leitura, procedeu-se a categorização dos textos, conforme o núcleo temático predominante em cada um.

O caderno – *Recordações* — apresenta: trinta e quatro textos enquadrados como *Crônicas e produções de caráter diversas de natureza autobiográficas ou social;* vinte e cinco classificados como *Crônicas dos festejos em Painel,* sendo cinco de casamento, um de carnaval, oito cívicas e onze religiosas; e dezessete textos enquadrados como *Crônicas e anotações do cotidiano da cidade.*

Vale reiterar que o ato de categorizar os textos painelenses é um recurso de ordem didática, em decorrência da mescla de gêneros que esses documentos culturais apresentam.

Os textos de Doutel de Andrade exibem características de autobiografia e de testemunho social, permitindo visualizar o cotidiano, passado e presente, de Painel através da história de um cidadão. Destacou-se, na leitura do *corpus,* a circunstância de que muitos dos relatos de Doutel de Andrade podem ser categorizados como crônicas. Vale lembrar que nesse gênero literário entrelaçam-se valores estéticos e sociais. Além disso, esses valores sofrem constantes mudanças. Conforme afiança Walter Benjamin, hoje o cronista não tem a obrigação de fornecer detalhes fiéis dos acontecimentos diários. Devido ao caráter efêmero dos tempos atuais, as crônicas entram e saem de cena, algumas como simples anotações, sem a responsabilidade de fixar registros para a posteridade. É importante destacar, ainda, o fato das crônicas de Doutel de Andrade apresentarem, às vezes, o caráter de autobiografia, em outras ocasiões, o caráter de memória coletiva e, quase sempre, a possibilidade de duplo categorizar, o que motivou as dificuldades de enquadramento de muitos textos nas categorias criadas para organizar o processo de leitura interpretativa.

Na última unidade das leituras, a referente aos manuscritos de Doutel de Andrade, um dos fios condutores do olhar crítico passou pela problemática do gênero memorialista em seu papel de firmar o registro dos momentos mais significativos da história do autor e da cidade de Painel. Há vários indícios de que o caderno ou os cadernos anteriores apresentavam, pelo menos nos primeiros registros, uma estrutura semelhante à estrutura de diário, expressa na preocupação de identificar o espaço e o tempo de cada texto, e de narrar com detalhes o acontecimento. O hábito permanece ao longo do caderno pesquisado, cujos textos vão de 1914 a 1992, gravando todos os episódios expressivos da vida de Doutel de Andrade, porém de forma diversificada. Inicia-se, quando o jovem de 14 anos, em *Campo de Dentro, setembro de 1914,* registra de maneira detalhada (262 linhas) as peripécias da viagem, as descrições da cerimônia e da festa do casamento do dentista, *Rodolfo Reis, um homem já de trinta e poucos anos e de uma viúva abastada, natural de São Joaquim.* A cerimônia realizou-se, conforme o narrador, em uma casa *bem distante da nossa, situada que está no município de São Joaquim, à beira do rio Caronas [...] n 'um lugar baixo, está cercada de taipa e na sua frente estende-se um grande tanque ou açude [...] construída de madeira coberta de telhas; a tinta, que outrora enfeitava as paredes, já está bastante desbotada pela ação do tempo e o seu aspecto melancolico não acompanha o ar festivo de que estão revestidas as pessoas que nos recebem no espaçoso pateo! [...] O noivo trajava um fraque, que se via, ter saído das mãos d'um oficial-artista, nas mãos usava luvas brancas. A toilete da noiva, de seda amarela, era d'um gosto apurado e muito chie. Um* dos últimos textos, datado de *Painel, 30 – 4-92,* é *o* registro breve (19 linhas) e sóbrio dos seus 92 anos: *Sinto-me um homem feliz por poder ainda governar-me, apesar de já sentir uma certa fraqueza, mas isto é natural, é problema da avançada idade [...] dou graças à Deus por ter-me dado uma longa vida, que gozo com alegria e satisfação, esperando o dia final que virá com toda certeza.*

 O hábito de escrever, que o acompanhou da juventude à velhice, resquício talvez das aulas de redação com o professor europeu, reveste-se de algumas particularidades. A primeira concerne ao cuidado de registrar os eventos mais significativos de sua vida e da vida da comunidade, em destaque, as datas festivas religiosas e cívicas. Esse critério de seleção empresta a Doutel a característica peculiar de narrador que, de certa forma, afasta-se do perfil típico do narrador traçado, por Walter Benjamin, aquele que faz da "experiência que anda de boca em boca", a matéria prima de seu narrar, para definir-se como aquele capaz de entrelaçar os registras da experiência de sua vida com a história de sua cidade. Apesar do diferencial, Doutel pode ser visto como um narrador ligado à história de sua terra e de suas tradições, e como um cronista que registra os acontecimentos, "sem distinguir entre os grandes e os pequenos", consciente do pormenor e do acontecido, nada considerando "perdido para a história", segundo Benjamin.

 Outra reflexão, diz respeito ao papel de narrador, cujo procedimento é diferenciado nos textos mais antigos, quando confrontado com os mais novos. Nos primeiros, singularmente os de maior extensão, o memorialista participa como personagem principal da narrativa, centrada na experiência pessoal. Neles, apesar da estrutura épica, "o outro" apresenta-se como componente do cenário da narrativa; em contrapartida, nos textos da idade madura e da velhice, o desempenho do "outro", pessoas ou acontecimentos, vai aumentando aos poucos a representação textual e, em paralelo, vai diminuindo a extensão da narrativa eixada no "eu" e o registro das emoções do narrador.

O diálogo urdido entre a fundamentação teórica e os textos de Doutel enfatizou a mescla que o memorialismo imprimiu ao conteúdo do caderno – *Recordações* – quando entrelaça a história de um munícipe, uma autobiografia de cidadania, com a história da comunidade de Painel, uma biografia da cidade. De modo restrito, o conteúdo do caderno não se enquadra em sua configuração genérica na categoria de memorialismo, nos termos da teoria referenciada na moldura teórica. Ecléa Bosi fala da memória de velhos, fundada "nos confins da lembrança" e voltada ao passado, porém no caderno, *Recordações,* estão incluídos os registros tanto do jovem Doutel quanto do homem maduro e do velho. Há, em ambos os procedimentos, uma conscientização do proceder, agravada pelo fato de parte dos textos serem resultantes da escuta quase simultânea dos acontecimentos.

Os textos de Doutel não se enquadram totalmente na teoria da lembrança, pois a escritura não aconteceu em época muito posterior ao fato, as datas indicam que o acontecido e o registro foram quase simultâneos. De outro lado, o processo de interiorizar as impressões e gravá-las após sua memorização deu-se de duas formas: a primeira no momento da ocorrência do fato a ser registrado e a segunda quando da seleção dos textos na passagem do caderno velho para o novo. Vale reafirmar que esse hábito de escritura apresenta outras facetas, uma delas é a prática de coletar notas jornalísticas sobre Painel. Durante a pesquisa foi encontrado, entre os pertences deixados por Doutel, um caderno de recortes de textos publicados em jornais sobre o lugar e a gente painelenses.

Voltando às considerações sobre a fragmentação organizacional do caderno em questão, ela pode ser atribuída ao duplo processo seletivo, um relativo aos acontecimentos escolhidos para o registro e outro pertinente à seleção para a transcrição dos textos. A data de ocorrência desse último proceder não foi questionada no decorrer da leitura, pela razão maior de não fazer parte dos objetivos do projeto.

De igual forma, a reflexão que caracteriza o discurso autobiográfico, segundo Halbwachs, só ocorre nos primeiros textos, de 1914 a 1928, quando o narrador era jovem. Ainda que essa unidade seja inadequada para novas amostragens, abre-se uma exceção para reproduzir o fragmento seguinte, no qual se constata uma reflexão sobre o casamento, surpreendente para a idade do autor:

> *Com isso aproximou-se a hora que para uns é motivo de futura felicidade e encantos, para outros, a raiz de uma vida atribulada, cheia de desgraças e sofrimentos morais!... A uns o casamento dá e renova a energia para a luta contra as contrariedade e desventuras da sorte, a outros tira o último animo, os restos da força moral e precipita n 'um abismo de desespero completo; assim é o casamento!...*
>
> Um casamento no sítio.
> Campo de Dentro, setembro 1914.

A partir dos textos da década de quarenta em diante, a postura de cronista é dominante no distanciar o "eu" do narrador e o objeto da narrativa, e repetitiva no tematizar as festas. E o estilo desses registros é também repetitivo. Resta uma grande interrogação acerca dos registros autobiográficos no sentido emprestado ao termo pela teoria. Quais as razões que levaram Doutel de Andrade a privilegiar, na ocasião da transcrição, uns registros e esquecer outros, talvez em número superior? Como explicar as lacunas de 1915 a 1925, de 1925 a 1927? Talvez o pudor de deixar exposto, aos olhos indiscretos de estranhos, o registro de emoções mais intimas. Apesar das marcas autobiográficas de Doutel jovem, a vida privada do homem maduro foi preservada.

Encontram-se apenas duas pequenas digressões de cunho amoroso, ambas referentes a futura mulher, transcritas fora da ordem cronológica, a primeira com data e localização – *Em casa, 25 janeiro 1922* – *e o* título de *Para recordações!* E *a* seguinte, sem título e sem indicação de localidade, porém datada de 1-12-1921, registra o regresso do memorialista *de uma viagem e a emoção* de encontrar *duas belissimas rosas,* em seu *porta-cartões:*

> *Ao avistá-las já o meu coração dizia-me quem as havia colocado Não enganava-me... foi, justamente, aquela alma de inocencia e candura quem as colocou! Uma côr de rosa, não sei ao certo o seu significado; a outra, de côr branca ou crême, exprime, sem dúvida, a candura, a pureza de nosso amor!...*

De outro lado, o apagamento gradativo da autobiografia a favor da memória de sua comunidade confirma o pensamento de Halbwachs a respeito da memória de uma cidade estar amalgamada à vida de seus cidadãos. Esse apagar da história individual é a via mais segura que tem o "eu" de ceder ao "outro" e de penetrar na opacidade do coletivo.

As últimas palavras devem ser dirigidas ao leitor na tentativa de explicar alguns caminhos e algumas escolhas. A primeira explicação é relacionada ao fato de ser a leitura do texto o ponto de referência de maior intensidade e frequência, o que não invalida a possibilidade de outras leituras nem de outros modos de ler. Em sua totalidade, o meu ato de ler buscou de um lado salvaguardar a integridade dos originais, na tentativa de não encobrir as vozes textuais; e de outro lado expressar a pesquisa em um estilo compatível com a singeleza de seu objeto. A segunda razão é relativa à possibilidade de enfatizar a contribuição de ecos externos ao texto. O mundo exterior aos documentos lidos fez-se presente nas referências teóricas e nas analogias estabelecidas com outros textos de igual linhagem formal ou temática. E, sobretudo, na circunstância desses textos configurarem-se em produtos e testemunhos da cultura de uma comunidade. A terceira advertência é relacionada ao interesse norteador da pesquisa, a escolha de um *corpus* de maior amplitude e o interesse mais comprometido com o percurso e menos implicado com a chegada. A quinta, diz respeito à exposição de forte compromisso didático de firmar e reafirmar conceitos, enfatizá-los e repeti-los ao longo do trabalho.

O último aviso refere-se à bibliografia de cujo rol constam apenas os títulos que serviram de suporte à leitura, pois a bibliografia passiva é muito mais extensa.

E, para concluir, valho-me do ensejo para apresentar o meu pedido de desculpas, pois, parodiando os versos de Fernando Pessoa, afirmo que durante todo o percurso de escrita.

> *O meu olhar não foi nítido como um girassol, talvez tenha olhado demais para a direita e para a esquerda...*

Ao leitor cabe sempre a última palavra.

REFERÊNCIAS

AGUIAR, M. de. Cantigas de escárnio e maldizer: uma galeria de caricaturas. In: _____. **Portugaliae Historica**, Tomo. 2. Lisboa, 1974.

ALBERTI, VOL. **O riso e o risível na história do pensamento**. Rio de Janeiro: Jorge Zahar Editores / Editora da Fundação Getúlio Vargas, 1999.

ARAGÃO, M. L. **Memórias literárias na modernidade**. Revista Letras, Santa Maria, jan./jun., 1992.

ARTAXO, VOL. **As mil e uma manhãs do Barão de Itararé**. Folhetim. Humor, São Paulo, n. 269., 1982.

_____. **Cadê o espaço do humor?** Folhetim. Humor, São Paulo, a 269, 1982.

AUDEM, N. H. 'Notas sobre o cômico". In: **A MÃO DO ARTISTA, ENSAIOS SOBRE O TEATRO, LITERATURA, MÚSICA**. Tradução de José Roberto O'Shea. Rio de Janeiro: Siciliano.

AUTRAN, M. **Humor e política – uma questão de limites**. Folhetim. Humor, São Paulo, n. 269, 1993.

BAKTHIN, M. **A cultura popular na Idade Média e no Renascimento**: o contexto de François Rabelais. 2ª. ed.. Tradução de Iara Frateschi. Brasília: Edunb., 1993

_____. "Biografias e autobiografias antigas". In: **QUESTÕES DE LITERATURA E DE ESTÉTICA**: a teoria do romance. 4ª. ed. Tradução (do Russo) de Aurora Fornoni Bernardini et al. São Paulo: Hucitec, 1998.

BALCOU, J.; ANDRIES, L.; LUSENBRINK, H. J. **Literaturas populares**. Dix-Huitiéme Siècle. Revista anual, 1995.

BATISTA, Sebastião Nunes. **Poética popular do Nordeste**: Literatura Popular em Verso. Rio de Janeiro. Fundação Rui Barbosa, 1982.

BENJAMIN, W. "A obra de arte na era de sua reprodutibilidade técnica", In: **A Ideia do Cinema**. Tradução de José Lino Grunnewald. Rio de Janeiro: Civilização Brasileira, 1969.

BERGSON, H. **O riso**: ensaio sobre a significação do riso. 2ª. ed. Rio de Janeiro: Jorge Zahar Editores, 1983.

BORDIEU, P. "A ilusão biográfica", In: MORAES, M. F. de.; AMADO, J. **Usos e abusos da história oral**. Rio de Janeiro: Fundação Getúlio Vargas, 1989.

_____. "Campo intelectual e projeto criador", In: **Problemas do estruturalismo**. Tradução de Sérgio Miceli. Rio de Janeiro: Zahar Editores, 1989.,

BOSI, A. "Cultura brasileira e culturas brasileiras", In: **Dialética da colonização**. São Paulo: Companhia das Letras, 1998.

_____. **Céu, Inferno**: ensaios de crítica literária e ideologia. São Paulo: Ática, 1966.

BOSI, E. **Cultura de massa e cultura popular**: leituras de operárias. Petrópolis: Vozes, 1998.

_____. **Memória e sociedade**: lembranças de velhos. 7.ª ed. São Paulo: Companhia das Letras, 1999.

BRAGA, J. L. **O pasquim e os anos 70**: mais pra epa do que pra oba... Brasília: Editora da Universidade de Brasília, 1991.

BURKE, P. **Cultura popular na Idade Moderna**. Tradução de Denise Bottman. São Paulo: Companhia das Letras, 1989.

CALVINO, I. "Definiciones de territorios: lo cômico", In: PUNTO E APARTE. **Ensayos sobre literatura y sociedad.** Tradução de Gabriela S. Ferlosio. Barcelona: Brughera, 1983.

CANDIDO, A. "A vida ao rés-do-chão". In: A CRÔNICA. **O gênero, sua fixação e suas transformações no Brasil.** Campinas: Editora da Unicamp, 1992.

CARMINA Burana. Textos Medievais. **Revista Diógenes**, Brasília: Ed. da Universidade de Brasília, v. 9. A Arte no Mundo Atual.

CARRASCOZA. J. A. (1989). "Todo mundo ri da nossa propaganda". **Revista Comunicações e Artes.** São Paulo, ano 14, n. 22, novembro, 1989.

CASCUDO, L. da C. **Dicionário do folclore brasileiro.** Rio de Janeiro: INL, 1954.

CHARTIER, R. Cultura popular: revisitando um conceito historiográfico. v. 8, n. 16. **Estudos Históricos**, Rio de Janeiro, 1995.

CIAN, VOL. **La satira.** Milão, 1945.

COELHO, J. P. Humorismo. In: **DICIONÁRIO DE LITERATURA.** Porto: Livraria Figueimitras, 1966.

CRESPO, F. A tradição de uma lírica popular portuguesa antes e depois dos trovadores. **Revista Ocidente**, v. LXX, n. 340.

CURTIUS, E. R. **Literatura europeia e Idade Média Latina.** 2. ed. Tradução de Teodoro Cabral e Paulo Rónai. Brasília: Instituto Nacional do Livro, 1979.

DARNTON, R. **O grande massacre dos gatos e outros episódios da história cultural francesa.** 2. ed. Tradução de Sonia Coutinho. Rio de Janeiro: Graal, 1986.

ECO, U. O cômico e a regra. In: **VIAGEM NA IRREALIDADE COTIDIANA**. Tradução de Aurora Fornoni Bernardine e Homero Freitas de Andrade. Rio de Janeiro: Nova Fronteira, 1984.

ESCARPIT, R. **El humor**. Buenos Aires: Eudeba Editorial Universitaria de Buenos Aires, 1962.

FACIP. **Curso de Ciências Sociais, Lendas e mitos de Lages**, 1974.

FEINBERG, L. **Introduction to satire ames**. Iowa USA: The Iowa University Press, 1965.

FIGUEROA, C. A, L. Tendencias del Estudio del Folklore en América en la Actualidad. Necesidades y Perspectivas. In: _____. **Folclore Americano**. México: Instituto Americano de Geografia e História, 1990.

FISCHER, E. **A necessidade da Arte**. Tradução de Orlando Neves. Lisboa: Editora Ulisseia, s/d.

FOURASTIÉ, J. Reflexão sobre o riso. Tradução de Ana Maria Falcão. **Diógenes – Revista Internacional de Ciências Humanas**, n. 7. Brasília: Editora da Universidade de Brasília, 1984.

FREUD, S. "El humorismo", In: **Obras completas**. Vol. VIII. Madrid: Nova, 1973.

FRIEIRO, E. Poetas satíricos mineiros. In: **KRITERION – Revista da Universidade Federal de Minas Gerais,** Minas Gerais, n. 61/62, p. 539-583. (cópia xerox sem outras identificações)

FRYE, N. "The mythos of Winter: Irony and satire", In: **ANATOMY OF CRITICISM**. Princeton: Princeton Universyt Press, 1957.

GONÇALVES, M. "Para uma história da noção de ironia da Antiguidade Clássica à Escola Clássica francesa". **Revista Portuguesa de Filosofia**, Braga, Tomo LII. Fases. 1/4, 1996.

GRANDE Enciclopédia Brasileira e Portuguesa. Lisboa/Rio de Janeiro: Editorial Enciclopédia Limitada, v. XX, s/d, p. 315-517.

GUEDES, H. **Curiaçu e a Gralha Azul**: as lendas das araucárias. Curitiba: Coleção Lendas Paranaenses, 1997.

GUSDORF, G. **Mito e metafísica**. Tradução de Hugo di Primio Paz. São Paulo: Convívio, 1979.

HALBWACHS, M. **A memória coletiva**. São Paulo: Vértice, 1990. Mémorie et persone. Paris: PUF, 1968.

HATHERLEY, A. **Estudos Universitários da Língua e Literatura** (número em homenagem ao professor Leodegário A. de Azevedo Filho, Rio de Janeiro: Tempo Brasileiro, 1993.

HUIZINGA, J. **Homo Ludens**. Tradução de João Paulo Monteiro. São Paulo: Perspectiva, 1980.

KONDER, L. "O legado do Barão'. In: **BARÃO DE ITARARÉ**. São Paulo: Editora Brasiliense, 1983.

LEVI, G. "Usos da biografia", In: FERREIRA M.; AMADO J. **Usos e abusos da história oral**. Rio de Janeiro: Fundação Getúlio Vargas, 1989..

LEWIS, G. H. Uncertain truths: the promotion of popular culture. **Journal of Popular Culture**. Published by Bowling Green University in Cooperation, v. 20, n. 3.

LUYEN, J. M. **O que é literatura popular**. 3. ed., São Paulo: Editora Brasiliense, 1983. Sistemas de comunicação popular. São Paulo: Ática, 1988.

MALTA, M. H. Max Nunes. "Um profissional do humor". **Folhetim. Humor**. São Paulo, n. 269, 1982.

MALUF, M. **Ruídos da memória**. São Paulo: Ed. Silicone, 1999.

MATOS, C. N. "Popular". In: JOBIN, J. L. (org.). **Palavras da crítica**. Rio de Janeiro: Imago, Biblioteca Pierre Menard, 1998.

MENEZES, E. D. B. de. O riso, o cômico e o lúdico, n. 1. **Revista de Cultura**. Rio de Janeiro: Vozes, 1974.

MEYER, M. **Autores de cordel**. São Paulo: Abril Educação, 1980.

MIGOZZI, J. "Dez anos de pesquisa em literaturas populares: o estado da pesquisa visto de Limoges". In: BERND, Zilá.; MIGOZZI, Jacques, (orgs.). **Fronteiras do literário**: literatura oral e popular Brasil/França. Porto Alegre: Editora da Universidade, 1995.

MOISÉS, M. **A Literatura Portuguesa através dos textos**. São Paulo: Cultrix, 1996.

_____. (137). **Dicionário de termos literários**. São Paulo. Cultrix, 1982, p.

MORAES, E. A. de. "O humor e similares", In: **DRUMMOND RIMA ITABIRA MUNDO**. Rio de Janeiro: Livraria José Olympio Editora. Coleção Documentos Brasileiros, 1972.

ORTÊNCIO. B. **Cartilha do folclore brasileiro**. Goiânia: UCG, 1996.

ORTIGA, O. C. **As três formas do risível em Millôr Fernandes**: o cômico, o satírico e o "humor". Tese de Doutorado em Literatura Brasileira. São Paulo: USP – Universidade do Estado de São Paulo, 1994.

PAVÃO, J. A. de. "Conceitos de popular e popularizante", In: **POPULAR E POPULARIZANTE**. Ponte Delgada: Universidade dos Açores, 1981.

PEIXOTO, A. **Ensaio de breviário nacional do humorismo**. 2. ed. São Paulo: Companhia Editora Nacional, 1936.

PELOSO, S. **O canto e a memória**: História e utopia no imaginário popular. Tradução de Sonia Netto Salomão. São Paulo: Ática, 1996.

PIRANDELLO, L. **Ensaios**: "una especial contraposición, 1968.

POLARD, A. **Satire reprinted twice**. London: England, Metlwen E Co Ltd, 1977.

PREFEITURA MUNICIPAL DE PAINEL. "Culinária painelense, 1998". **Folheto RANGEL, F. n. 269**. Humor é um caso sério. São Paulo, 1982.

RIBEIRO, L. T. **Mito e poesia popular**. Rio de Janeiro: Funarte/ Instituto Nacional do Folclore, 1987.

RITTER, J. **O riso e o risível na história do pensamento**. In: ALBERTI, V. Rio de Janeiro: Jorge Zahar Editor – Fundação Getúlio Vargas, 1999.

SCHOLBERGH, K. R. **Sátira e invectiva en la España Medieval**. Madrid, 1971.

SCHROEDER, F. E. H. "The discovery of popular culture before printing". **Journal of Popular Culture**. Published by Bowling Green Universiy in Cooperation, v. XI, n. 3.

SETÚBAL, P. Confiteor. **Memórias**: obra póstuma. 12. ed. São Paulo: Editora Nacional, 1983.

SILVA, L. D. (org.). **O Carapuceiro**: o padre Lopes Gama e o Diário de Pernambuco 1840 – 1845. Recife: FUNDAJ, Editora Massangana, 1996.

SMITH, J. F. "Humor, cultural history and Jean Shepherd". **Journal of Popular Culture.**, v. 16, n. 1. Published by Bowling Green University in Cooperation.

SOUZA, M. de. "O primeiro humor". **Folhetim Humor**. São Paulo, n. 269, 1982.

SPACKS, P. M. **Some reflections on satire in satire:** modern essays in criticism. New Jersey : Prentice-Hall. Inc, 1971.

SPINA, S. **Apresentação da lírica trovadoresca.** Rio de Janeiro, 1956.

SUSSEKIND, F.; VALENÇA, R. T. **Poemas de Joaquim José da Silva.** Rio de Janeiro: CRB, 1983.

VAINFAS, R. **Casamento amor e desejo no ocidente cristão.** 2. ed. São Paulo: Ática, 1992.

WANKE, E. T. **O trovismo.** Primeiro movimento literário genuinamente brasileiro. Rio de Janeiro: Companhia Brasileira de Artes Gráficas.

WORCESTER, D. **The art of Satire.** Cambridge: Harvard Unive. Press, 1940.

ZAGO, A. "Escritores bem e mal humorados". **Folhetim Humor.** São Paula, n. 269, 1982.

Bibliografia Consultada

ALVES, S. A. A.. **Painel:** notas para sua história. Monografia de Especialização em Literatura. Itajaí: Universidade do Vale do Itajaí, 1995.

APOCALÍPTICOS E INTEGRADOS. 4. ed. Tradução de Pérola de Carvalho. São Paulo: Perspectiva, 1990.

APOCALITTICI & INTEGRATI. Comunicazione di massa e teorie della cultura di massa. Roma: Bompiani, 1990.

ARISTÓTELES. **Poética.** Tradução de Eudoro de Souza. Porto Alegre: Editora Globo, 1991.

BARTHES, R. "Culture de masse, culture superieure". In: **O rumor da língua.** São Paulo: Brasiliense, tome 1.

_____. "Da ciência à literatura". In: **O RUMOR DA LÍNGUA** São Paulo: Brasiliense, 1976.

_____. "Oeuvre de masse et explication de text", In: **OBRAS COMPLETAS**. Tome I.

BORDIEU, P. **O poder simbólico**. São Paulo: Difel, 1989.

BORELLI, S. H. S. "Gêneros faccionais na cultura de massa". In: FONSECA, C. (org.). **Fronteiras da cultura**. Porto Alegre: Editora da UFRGS, 1993.

CANDIDO, A. (1993). "Dialética da Malandragem", In: **O discurso e a cidade**. São Paulo: Livraria Duas Cidades.

_____. "Literatura e cultura de 1900 a 1945". In: **Literatura e sociedade**. 7. ed. São Paulo: Companhia Editora Nacional, 1985.

CARLOS, A. F. A. **O lugar no/do mundo**. São Paulo: Hucitec, 1996.

COMMOR, S. **Cultura pós-moderna**: introdução às teorias do contemporâneo. Tradução de Adadil Ubirajara e Maria Stela Gonçalves. Edições Loyola, 1992.

DUMAZEDIER, J. "Massas, cultura e lazer". Tradução de Wamberto Hudson Ferreira. **Diógenes. Revista Internacional de Ciências Humanas**. n. 7. Brasília: Editora da Universidade de Brasília, 1984.

ECO, U. "A inovação no seriado". In: **SOBRE OS ESPELHOS E OUTROS ENSAIOS**. Tradução de Beatriz Borges. Rio de Janeiro: Nova Fronteira, 1989.

FOUCAULT, M. "O que é um autor?". In: **O que é um autor?** 2. ed., Veja Passagens, 1992.

HABERMAS, J. "Ética do discurso". In: **Boletim de Filosofia**. n. 5. Rio de Janeiro, 1988.

HINDS, H. E. Jr. N. "Latin american popular culture. A new research frontier: achievements, problems and promise". **Journal of Popular Culture**, v. 14, n.º 3, Published by Bowling Green University in Cooperation, Winter, 1980.

HOLLANDA, H. B. de. **Pós-modernismo e política**. Rocco, 1991.

JAMESON, F. "Reificação e utopia na cultura de massa". In: **AS MARCAS DO VISÍVEL**. Tradução de João Roberto Martins Filho. Rio de Janeiro: Editora Graal, 1995.

LEAL, VOL. N. **O coronelismo, enxada e voto**. São Paulo: Editora Alfa – Omega, 1975.

LIMA, L. C. (org.). **Teoria da cultura de massa**. Rio de Janeiro: Saga, v. 1.

LOPES, T. P. A. "A crônica de Mário de Andrade: impressões que historiam", In: **A CRÔNICA**. O gênero, sua fixação e suas transformações no Brasil. Campinas: Editora da UNICAMP, São Paulo, 1992.

MALCOM, J. **A mulher calada**: Sylvia Plath, Ted Douglas e os limites da biografia. Tradução de Sérgio Flaksman. São Paulo: Companhia das Letras, 1994.

MEYER, M. **Folhetim**. São Paulo: Companhia das Letras, 1996.

MIGOZZI, J. "Dez anos de pesquisa em literaturas populares: o estado da pesquisa visto de Limoges". In: BERND, Z.; MIGOZZI, J., (orgs.). **Fronteiras do literário**: literatura oral e popular Brasil/ França. Porto Alegre: Editora da Universidade, 1995.

MIRANDA, W. M. "Projeções de um debate". **Revista Brasileira de Literatura Comparada**, v. 4, n. 1, 1998.
MORAES, E. A. de. "O humor e similares". In: **DRUMMOND RIMA ITABIRA MUNDO**. Rio de Janeiro: Livraria José Olympio Editora. Coleção Documentos Brasileiros, 1972.

ORTEGA, C. E. "Síntesis panorâmica". In: **Historia de la biografia**. Buenos Aires: Librería y Editorial "El Ateneo", 1987.

PINTO, A. Z. "Celeiro de talentos". **Folhetim Humor**. São Paulo, n. 269, 1982.

PREFEITURA MUNICIPAL DE PAINEL. "**Painel – nossa gente**". Folheto, 1999.

ROSA. J. G. **Grande sertão**: veredas. Rio de Janeiro: Nova Fronteira, 1986.

ROSEMBERG, B.; WHITE, D. M. (orgs.). **Cultura de massa**. Tradução de O. M. Cajado. São Paulo: Cultrix, 1973.

SANTIAGO, S. "Democratização no Brasil – 1979-1981. (Cultura versus arte)", *in:* ANTELO, R.; CAMARGO, M. L. de.; ANDRADE, A. L.; ALMEIDA, T. (orgs.). **Declínio da arte / ascensão dacultura**.Florianópolis: Letras Contemporâneas, 1998.

SUSSEKIND, F. **Papéis colados**. São Paulo: Livraria Cultura, 1993.

TOMACHEWSKI, B. "Os gêneros literários", in: **TEORIA DA LITERATURA** (formalistas Russos). Porto Alegre: Editora Globo.

VATTINIO, G. **O fim da modernidade**: Niilismo e hermenêutica na cultura pós-moderna. Lisboa: Presença, 1987.

WERNECK, M. H. **O homem encadernado**: Machado de Assis na escrita das biografias. Rio de Janeiro: Editora da Universidade do Estado do Rio de Janeiro, 1996.

ZILBERMAN, R. (org.). **Os preferidos do público**: os gêneros da literatura de massa. Petrópolis: Vozes, 1987.

SOBRE O LIVRO
Tiragem: 1000
Formato: 14 x 21 cm
Mancha: 10 X 17 cm
Tipologia: Times New Roman 18 | 16 | 12 | 11,5 | 11,5 | 10
 Arial Narrow MT 7,5 | 8 | 11
Papel: Pólen 80 g (miolo)
Royal Supremo 250 g (capa)